*Lebens*Wände

ILONKA LÜTJEN

*Lebens*Wände

Bibliografische Information der Deutschen Nationalbibliothek
Die Deutsche Nationalbibliothek verzeichnet diese Publikation
in der Deutschen Nationalbibliografie; detaillierte bibliografische
Daten sind im Internet über http://dnb.d-nb.de abrufbar.

© 2017 Ilonka Lütjen
Satz, Covergestaltung, Herstellung und Verlag:
BoD – Books on Demand

ISBN 978-3-7431-4613-6

Autorin

Ilonka Lütjen wohnt in Wiesbaden. Sie arbeitet als Beraterin, Trainerin und Personal Coach sowohl für Unternehmen, als auch für Privatpersonen.
Die Termine finden größtenteils in ihren eigenen Räumlichkeiten, telefonisch oder online statt.

Schwerpunkt ihrer Tätigkeit sind die Themen
- Krisencoaching
- Umgang mit schwierigen Situationen
- Umgang mit schwierigen Kunden
- Kommunikation am Telefon
- Bewerbungscoaching
- Energetische Arbeit

Inhalt

Vorwort..9

Anleitung zum Arbeiten mit dem Buch.............................11

Teil I Leseteil.. 13

1. Zwei getrennte Leben...................................... 15
   1.1 Diagnose MS...15
   1.2 Dieses Buch ist eigentlich ein Workshop...............17
   1.3 Ausblick: Es ist 2016.................................18
   1.4 Zugfahrt nach Köln 21
   1.5 Mein Leben beginnt in Bremen 23
   1.6 Mein Business-Leben...................................24
   1.7 „Ja-Sagen zu sich/Nein-Sagen zu anderen" 27
   1.8 Mein Privatleben......................................30

2. Mein Weg mit der Multiplen Sklerose........................ 33
   2.1 Lernen im Äußeren 33
   2.2 Die Konstante: mein Mann..............................36

3. Anfang zur Änderung: Savoyen............................... 37
   3.1 Innere Arbeit...37
   3.2 Eine Waagschale gibt den Ausschlag....................41
   3.3 Eine Entscheidung, die mein Leben vereinfacht 43
   3.4 Selbstbild mit und ohne Behinderung...................43
   3.5 Verknüpfen, aber wie: Business + Heilarbeit 44
   3.6 Eigene Grenzen..45
   3.7 Andere Fragen.. 46
   3.8 Alternativen finden/Realistische Ziele................51

    3.9   Glaubenssätze 53
    3.10 Mein Ziel Bild 58

4. **Zu Hause** 59
    4.1   SRT-Gerät (Stochastische Resonanztherapie)...................59
    4.2   Ganzheitliche Coaching-Ausbildung...........................60
    4.3   Busicap entsteht 60
    4.4   Busicap verändert sich 61
    4.5   September 2010/April 2011 62
    4.6   „Das Gegenteil von gut gemacht ist gut gemeint" 64
    4.7   Bedienungsanleitung 65
    4.8   Stillstand der MS...67
    4.9   Energetische Arbeit 68
    4.10 Mein Workshop *Lebens*Wände................................69
    4.11 Die innere Arbeit geht weiter 71
    4.12 Selbstbild/Fremdbild 72
    4.13 Zeitplanung 73
    4.14 Business, aber anders 73
    4.15 Zielplanung 76
    4.16 Busicoach entsteht 79
    4.17 Resümee 79

5. **Fallbeispiele aus meiner Coaching-Praxis**...................... 83
    5.1   Gedanken zu Verschwiegenheit + Inklusion 83
    5.2   Bewerbung und Ortswechsel.................................. 84
    5.3   Bei der Bewerbung überzeugen 86
    5.4   Ohne Kurzzeitgedächtnis das Leben meistern 87
    5.5   Unfallfolgen und Business...................................88
    5.6   Erleichterung durch Offenheit 89

Teil II Arbeitsteil 91

Vorwort

Dieses Buch ist kein Gewöhnliches, und genauso wenig gewöhnlich ist die Frau, die es geschrieben hat. Es verbindet Autobiographisches mit einer Anleitung zur Selbsthilfe. Dabei geht es nicht nur um das Krankheitsbild der Multiplen Sklerose; sie ist vielmehr Platzhalter für jede Erkrankung, die einen Menschen ereilen kann. Gerade in der heutigen immer hektischer werdenden Zeit, innezuhalten, zu entschleunigen und sich den Fragen über den weiteren Lebensweg zu stellen, eröffnet neue Möglichkeiten. Die Krankheit anzunehmen und die Sinnhaftigkeit zu erkennen, anstatt sie zu negieren und in Depressionen zu verfallen, ist auch ein möglicher Weg. Voraussetzung sind allerdings Offenheit und der Wille Eigenverantwortung zu übernehmen.

Das vorliegende Buch zeigt Lösungsansätze auf, mit einer schweren Erkrankung sinnhaft umzugehen und sich von engstirnigen, überholten Glaubenssätzen zu befreien. Man kann sich bewusst machen, dass destruktive Gedanken und Vorstellungen ihre zerstörende Kraft verlieren, wenn Lösungen gefunden werden. Das ist das Ziel dieses Buches. Manchmal muss man sich unangenehmen Fragen stellen, um den Sinn und Zweck der eingetretenen Veränderung für sich zu erkennen. Denn wenn Sie, liebe Leserin, lieber Leser, ihr Leben nicht leben, dann lebt es Sie....

Dr. med. Steffen Gerke

Anleitung zum Arbeiten mit dem Buch

Liebe Leserin, lieber Leser,

Dieses Buch ergänzt meinen Workshop *Lebens*Wände bzw. bietet eine Alternative zur Teilnahme, falls Sie lieber allein arbeiten möchten. Eingebunden in meine eigene Geschichte habe ich die Fragen, die ich mir selber gestellt habe, aufgeschrieben und ergänzt.

*Lebens*Wände ist unterteilt in einen Lese-Teil und einen reinen Arbeitsteil, die beide unabhängig voneinander genutzt werden können.

Im Arbeitsteil, dem persönlichen Workbook, sind alle Fragen aus dem Lese-Teil noch einmal gesammelt und Sie haben viel Platz für Notizen, um sich über die *Does* und *Don'ts* in Ihrem Leben Gedanken zu machen und passende Ziele für sich zu entwickeln.

Das kleine Stift-Symbol in beiden Teilen (✏) kennzeichnet die Textstellen, die Sie zum Nachdenken und Schreiben einladen.

Damit der Umgang mit dem Workbook sowohl für die Leser des gedruckten Buches als auch für E-Book-Leser einfach funktioniert, habe ich an dieser Stelle eine kurze Anleitung für Sie geschrieben:

1. In der **Printausgabe** von LebensWände ist das Workbook seitenverkehrt eingefügt. Wenn Sie das Buch einfach umdrehen und „von hinten" anfangen, können Sie die Fragen direkt im Buch schriftlich beantworten.

   Wenn Sie nicht ins Buch schreiben mögen, können Sie sich das Workbook über den Link www.busicoach.de/wkq017.html herunterladen, ausdrucken und anschließend die Fragen direkt auf dem Ausdruck bearbeiten.

2. Wenn Sie das **eBook** lesen, dann klicken Sie für das Workbook nur auf den Link www.busicoach.de/wkq017.html. Danach werden Sie automatisch zum Download auf meine Homepage weitergeleitet.

Viel Freude beim Lesen und Arbeiten

Ihre Ilonka Lütjen

Teil I
Leseteil

1. Zwei getrennte Leben

1.1 Diagnose MS

Kennen Sie den Spruch: „Das einzig Beständige im Leben ist der Wandel"?

Gelegentlich habe ich das Leben gebeten, mehr Langeweile und weniger Wandel zu bringen.

Die größte Veränderung trat Anfang 2005 in mein Leben.

Ich war damals 42. Ich wurde am 21. März 1963 geboren. Im Iranischen Kalender (iranische Männer entsprachen früher meinem Beuteschema) beginnt mit diesem Datum das neue Jahr. Bei uns ist es (meistens) der Frühlingsanfang. Auch ein Neubeginn.

An einem Morgen im Januar 2005 wummerte wie gewöhnlich die Musik durch den Gymnastikraum des Sport-Centers, in dem ich trainierte. Im bunten Sportdress springe ich in der Stepp-Gruppe mit ein paar anderen auf das kleine Podest vor mir, drehe mich, laufe drum herum, beuge und strecke die Beine. So lange, bis wir mehr oder weniger außer Atem sind und schwitzen. Die Choreographie ist etwas schwierig, doch wir haben sie geübt. Ich kann sie mir sowieso gut merken. Mit vier Jahren begann ich Ballett zu tanzen. Das prägt.

Ich arbeite mich am Steppbrett ab. Und merke: Irgendetwas stimmt nicht. Ein Empfinden, wie ich es bei den letzten Stunden schon ein paar Mal bemerkte. Es fällt mir schwer, das Gleichgewicht zu halten. Ich überlege, was ich am Abend davor getrunken habe. Nein, es war kein Alkohol! Ein paar Tage später will ich meine Jeans aus- und eine Freizeithose anziehen. Ich verheddere mich, kann das zweite Bein nicht schnell genug befreien und habe plötzlich keinen Fuß mehr auf dem Boden. Klar, ich kippe um. Ich kann mich zwar noch abstützen, verstauche mir aber dabei den Knöchel. Ich gehe zum Orthopäden. Er ist supernett, sehr erfahren und befragt mich genau.

Anschließend schickt er mich ins MRT. Das Ergebnis: Ich habe MS. Multiple Sklerose. Bis dahin habe ich noch nie etwas davon gehört. Ich vernehme: Unheilbar! Zuhause recherchiere ich im Internet.

Ich war geschockt und fassungslos!

Alles, woran ich glaubte, geriet ins Wanken!

Mich hatte eine unheilbare Krankheit erwischt, bei der man irgendwann im Rollstuhl sitzt. Zumindest dachte ich so nach den ersten Recherchen. ICH HABE MS!

MS, Nervenbahnen in meinem Körper sind entzündet. Die Myelinschicht, die die Nervenbahnen schützt, löst sich stellenweise auf. Ich dachte dabei an die Ummantelung von Stromkabeln. Wenn dieses porös ist, kann man beim Anfassen einen Schlag bekommen. Im Körper entwickeln sich an diesen Stellen mit der Zeit Narben. Und die Signale an die Muskeln müssen diese Narben überwinden. Die Signale gelangen nicht mehr zuverlässig und schnell an ihr Ziel. Ich kann meine Muskeln also nicht mehr richtig ansteuern. Teilweise wird Nervengewebe auch dauerhaft zerstört.

Damals dachte ich: Das ist der Anfang vom Ende! Meine Zukunftsaussichten waren dahin. Nie wieder würde ich unbeschwert sein können und das Leben genießen.

Wo sollte ich Hilfe finden?

Völlige Verzweiflung überkam mich!

MS würde dafür sorgen, dass es nie wieder schön wird.

Der Besuch bei einer Selbsthilfegruppe machte alles nur noch schlimmer. Etwa 12 Frauen und Männer saßen zusammen, beklagten ihr Schicksal und erzählten sich, wie schrecklich alles ist. Das konnte ich auch allein! Ja, natürlich, ich weiß: Es ist wichtig, sich Zeiten des Leidens zu gönnen. Aber doch nicht immer! Irgendetwas in mir sagte: Es muss, um weiterleben zu können, auch schöne Stunden im Leben geben. Und die gibt es! Das kann ich jetzt, 11 Jahre nach der Diagnose, mit Bestimmtheit sagen! Ich habe gelernt, mir schöne Stunden zu verschaffen. Wieder das zu tun, was ich liebe zu tun. Mit Menschen arbeiten. Anders sicherlich als vorher, aber vielleicht sogar schöner!

1.2 Dieses Buch ist eigentlich ein Workshop

Dieses Buch beschreibt, wie es gelingen kann, sich mit einem Schicksal zu arrangieren, das einen zunächst vollends aus der Bahn zu werfen droht. Es geht darum, wie es gelingen kann, die Katastrophe für eine neue Chance zu nutzen. Sie werden dabei, liebe Leserin, lieber Leser, viel über Möglichkeiten der Hilfe und Selbsthilfe erfahren. Und darüber, wie es möglich wird, sich auch professionell neu zu orientieren. Mit diesem Buch möchte ich all jenen Mut machen, die selbst oder deren nahe Angehörige oder Freunde von einer Krankheit betroffen sind. Und jenen, deren Leben sich momentan auch ohne Krankheit verändert oder im Begriff steht, sich zu verändern. Freiwillig oder unfreiwillig. Mir ist es wichtig, Ihnen einen kleinen Einblick in mein Leben zu geben. Aufzuzeigen, wie ich denke und fühle. Wie mein Leben vor, während und nach der aktiven MS ausgesehen hat bzw. aussieht. So können Sie meine Denkweise, meine Gefühle und auch die Fragen, die ich mir stelle, besser nachvollziehen.

Mein Buch ist kein Rezeptbuch, bei dem es heißt: Nehmen Sie hiervon 3 Esslöffel, davon 5 Esslöffel, eine Prise … und backen Sie das Ganze 40 Minuten lang bei 200 Grad. Danach ist Ihre unheilbare Krankheit weg! Jeder ist anders. Es gibt unterschiedliche Wege. Vielleicht passt ein anderer besser zu Ihnen oder die Krankheit bleibt. Vielleicht aber ist dieser Weg auch Ihrer!

Eine Geschichte von Paul Watzlawick aus dem Buch „Anleitung zum Unglücklichsein" fällt mir immer wieder ein. Kurzform: Ein betrunkener Mann krabbelt nachts im Schein einer Straßenlaterne suchend umher. Ein anderer Mann sieht das. Nach einer Weile fragt er: „Suchen Sie etwas? Kann ich Ihnen helfen?" „Ja, ich suche meinen Hausschlüssel!" Danach krabbeln beide zusammen über das Pflaster. Ohne Ergebnis. Der später hinzugekommene Passant fragt also den Betrunkenen: „Sind Sie sich sicher, dass Sie den Schlüssel hier verloren haben?" Die Antwort: „Nein, nein, meinen Schlüssel habe ich dort hinten verloren. Aber dort ist es ja so dunkel!" Tja, gelegentlich denke ich bei einem Klienten auch: „Mmh, Sie suchen auch lieber dort, wo Sie nichts finden werden, und genießen stattdessen die Helligkeit!" Oft frage ich dann, ob wir uns gemeinsam diese Situation anschauen sollen. Die Geschichte erzähle ich dann meistens auch. Schauen Sie dort, wo es vielleicht dunkel ist, Sie aber das finden werden, was Ihnen weiterhilft. So habe ich es zumindest getan.

1.3 Ausblick: Es ist 2016

Inzwischen arbeite ich oft zu Hause, habe sehr viel weniger Stress als vorher und erlaube mir das entspannte Glücksgefühl über diese Tatsache. Jetzt, im Juni 2016, habe ich damit angefangen, mir ein neues Betätigungsfeld aufzubauen. Webinare! Ich bin gespannt, was daraus wird. Immer mal wieder fühle ich mich auch davon beschenkt, dass ich fast immer in meinem eigenen Bett übernachte. Wenn mein Mann morgens das Haus verlässt und ich in Hausklamotten und ungeschminkt zu meinem Arbeitsplatz mit Computer gehe

Der Blick von meinem Schreibtisch

und von dem Arbeitsplatz aus auch noch in den Garten schauen kann, finde ich das Leben wunderschön!! Wunderschön finde ich es auch, wenn ich als Dozent vor einer Klasse sitze, als Trainerin einen Workshop leite oder mit einem Coachee arbeite und erlebe, dass mich die anderen so respektieren und akzeptieren, wie ich bin. Auch mit Rollator. Wenn ich von Staus und streikenden Fluggesellschaften höre, freue ich mich darüber, dass mich das nicht mehr tangieren muss! Früher hätte ich mir das nicht vorstellen können! Coaching funktioniert natürlich auch am Telefon oder per Skype. Für beide Seiten eine sehr entspannte Variante, wenn ansonsten die Anreise zu lang oder unbequem ist.

Heute finde ich mein Leben sehr viel entspannter und angenehmer als früher. Manchmal frage ich mich, ob ich dafür diese Krankheit brauchte. Ja, ich brauchte sie. Freiwillig habe ich die anstehenden Entscheidungen nicht getroffen. Natürlich trauere ich zuweilen den unbeschwerteren Zeiten, dem einfachen Gehen und der körperlichen Unbeschwertheit hinterher. Ich habe einiges aufgegeben und habe dafür etwas anderes erhalten. Mit dieser Tatsache habe ich mich inzwischen versöhnt. Jetzt, im Juni 2016, gibt es wieder kleine aktive Entzündungsherde, die Anfang des Jahres entstanden sein müssen. Ich bin gespannt, wie es weitergeht. Auf jeden Fall werde ich damit umgehen können und mein Leben weiterhin genießen! Natürlich hätte ich es gut gefunden, wenn die Entzündungen weggeblieben wären! Das Leben aber bietet Veränderungen. Also können die Entzündungen auch wieder inaktiv werden. Ein Arzt erinnerte mich an diese Tatsache.

Dort, wo wir wohnen, haben wir im Souterrain einen Schulungsraum und einen Coachingraum eingerichtet. Den Weg dorthin schaffe ich auch an Tagen, an denen das Wetter schlecht ist oder ich nicht gut laufen kann. Es sind zwei Treppen dorthin mit stabilem Treppengeländer.

Früher nahm ich kaum wahr, ob eine Treppe einen Handlauf hat oder nicht. Heute stehe ich manchmal vor Treppen ohne Geländer, wundere mich und schaue nach Lösungen. Bisher gab es immer eine. Zur Not fahre ich wieder nach Hause. Das habe ich in der Vergangenheit zwar noch nie tun müssen, aber diese Entscheidung gibt mir die nötige Ruhe, um Lösungen zu finden. Manchmal taucht ein hilfreicher Mensch auf. Vor allem vor Hauseingängen und in Zugängen zu Bürogebäuden frage ich mich zuweilen, wie ich es schaffen soll, dort hinauf- oder hinunterzukommen. Innen gibt es einen Fahrstuhl. Und bis dahin? Manchmal bitte ich über Mobiltelefon um Unterstützung von Menschen, die schon im Gebäude sind. Andere um Hilfe zu bitten musste ich erst einmal lernen! Anderen zu helfen fand ich leicht.

Anfangs fragte ich mich: „Wo bekomme ich Hilfe?" Recherchen im Internet brachten keinerlei Klarheit. Ich bestellte mir ein Fachbuch. Bei dem Kapitel „Sex mit Katheter" gab ich die Lektüre auf. An guten Tagen dachte ich: „Also, das mit der MS kann ich hinbekommen. Wie das geht, weiß ich zwar noch nicht, doch ich werde es lernen. Einen Arm oder ein Bein zu verlieren, ist schwieriger." Doch auch damit kann man lernen umzugehen, wie ich erlebt habe.

Ich war damals schon verheiratet, bin es immer noch, und ich dachte damals allen Ernstes, dass es besser für meinen Mann und für mich wäre, wenn wir uns trennten. Ich dachte, er könnte doch im Grunde nur aus Verantwortungsgefühl heraus bei mir bleiben. Und das wollte ich nicht! Später erkannte ich, dass ihn mein Vorschlag verletzt hat. Ich bin glücklich darüber, dass wir weiterhin zusammen sind. Der Trauspruch: „… in guten wie in schlechten Zeiten …" hat dadurch eine viel konkretere Bedeutung für mich bekommen. Für einander da zu sein, wenn es ernst wird und nicht lustig ist. Sich auf den anderen verlassen zu können und auch schwere Zeiten gemeinsam zu meistern. Auch das ist Liebe!

Zuerst verlief die MS schubförmig. Meine Kunden, ich war inzwischen als Trainerin und Personal Coach tätig, merkten nichts davon. Sie sahen ja auch nicht, dass ich beim Föhnen meines Haares (es war so lang wie jetzt) manchmal fast auf dem Boden des Badezimmers lag. Wenn ich humpelte, erklärte ich dieses Phänomen mit Muskelkater durch zu viel Sport (ha, ha). Zum Glück hatte ich in den Zeiten, in denen ich einen Schub hatte, keine Termine. Ich suchte mir zusätzlich einen weiteren Job als Trainerin, bei dem andere die Akquise machten.

Ich brauchte lange Zeit, bis ich innerlich so weit war, anderen Menschen zu erzählen, dass ich MS habe. Ich dachte, dass Menschen selbst schuld sind, wenn sie so schlimm krank werden. Und zwar auch, weil sie spirituell nicht genug für sich getan haben. Ich glaube daran, dass es auf der Welt mehr Dinge gibt, als wir im ersten Moment wahrnehmen. Es heißt, das Verbindende statt das Trennende wahrzunehmen und zu betonen. Diese Sicht der Welt steht nicht im Widerspruch zum modernen Weltbild der Wissenschaften, sondern ergänzt dieses um die nicht-materielle, die geistig-spirituelle Dimension. Sie kennen wahrscheinlich Situationen, in denen Sie intensiv an jemanden denken und dieser fast im selben Moment bei Ihnen anruft. Oder die Situation, in der Sie und Ihr Partner zur gleichen Zeit fast dasselbe denken und sagen. Auf jeden Fall gehe ich davon aus, dass ich Selbstverantwortung für mich habe und es meine Entscheidung ist, wie ich mit den Dingen, die in mein Leben treten, umgehe.

Ich fragte mich also: „Warum bekomme ICH so eine Krankheit? Ich habe einen Job im Business, der recht fordernd ist, okay. Doch ich meditiere, treibe Sport, ernähre mich gesund und gehe einen sehr bewussten, spirituellen Weg." Ich arbeite zusätzlich energetisch. Ich heile. Das bedeutet, dass ich körperliche und mentale Dinge zum Positiven verändern kann, wenn der andere es erlaubt und es die richtige Zeit dafür ist. Diese Arbeit tue ich seit 1993. Heilarbeit ist allerdings keine Zauberei, mit der ich alles wegzaubern kann, was mir oder anderen nicht gefällt. Wenn es so funktionieren würde, hätte ich sofort meine MS weggezaubert. So aber war es mein Weg, sie als Allererstes zu akzeptieren. Das klingt leichter, als es ist. Etwas, das man nicht haben möchte, mit allen möglichen Konsequenzen anzunehmen, ist nicht immer fröhlich. Erst der nachfolgende Schritt ist es, sich zu fragen, wozu das da ist, was man bewusst nicht haben möchte. Was es Gutes bedeuten kann. Anfangs fand ich diese Überlegung ziemlich pervers!

Bisher war ich davon ausgegangen, dass ich alles hinkriege. Das war mein Selbstbild, und ja, es entsprach ganz sicher nicht oder nicht immer der Realität. Ich ging davon aus, dass ich so eine schwere Krankheit nie bekommen würde. Für mich stand das im Widerspruch zu meinem Weltbild. Wenn ich von solchen Schicksalsschlägen bei anderen erfuhr, dachte ich: „Mit etwas mehr Eigenverantwortung und spiritueller Arbeit wäre dir das nicht passiert!" Natürlich ist das arrogant. So weit also dazu! Nun betraf es mich selbst. Und es herrschten zwei grundlegende Gefühle in mir: 1. Ich fühlte mich vom Schicksal verraten. 2. Ich empfand mich selbst als wertlos und unwürdig. Schuldig daran, dass ich krank geworden war. Mir ist heute klar, dass diese Grundüberzeugung auch mein Bild von Menschen mit Behinderungen betraf. Und sie ist weiter verbreitet, als wir uns zugestehen. Es gibt noch andere Glaubenssätze, die einen guten Kontakt zu Menschen mit Handicap behindern. Ich komme darauf zurück. Dass aber Vertreter von Berufsgruppen, die regelmäßig mit dem Thema Behinderung konfrontiert sind, keine realistische Vorstellung von den Auswirkungen haben, finde ich seltsam.

1.4 Zugfahrt nach Köln

Ein Neurologe schlug mir eine spezielle Untersuchung in einer Klinik bei Köln vor und meinte, ich solle die 173 km dorthin am besten mit dem Zug fahren. „Das ist doch viel bequemer für Sie, als mit dem Auto zu fahren. Sie wissen doch auch gar nicht, was Sie am Ziel erwartet." Das ist die Perspektive eines

Facharztes auf die Situation einer Patientin mit MS. Ich fahre Auto. Im rechten Bein sind alle Impulse schnell genug im Fuß. Ich fahre Automatik. Das tue ich schon sehr lange. Früher war der Grund dafür das entspanntere und konzentriertere Fahren in überraschenden Situationen oder in Staus. Heute sind die Gründe andere. Fahren finde ich einfach. Gehen nicht. Ich kann mich wieder konzentrieren und schnell genug die richtigen Entscheidungen treffen. Zurück zur Zugfahrt nach Köln. Aus meiner Perspektive sieht es folgendermaßen aus: 3- bis 4-mal müsste ich umsteigen, wie ich rausgefunden habe. Selbst wenn ich von zu Hause bis zum Bahnhof ein Taxi nehme, um zum Bahnhof zu gelangen, muss ich vorher alles (!!) Notwendige so einpacken, dass ich es einfach transportieren kann. Zum Glück gibt es inzwischen Fahrstühle zum Gleis. Gibt es die auch am Zielort? Und wenn die Rolltreppe nicht funktioniert? Treppen zu steigen kann ein unüberwindliches Hindernis für mich werden. Im Winter ist das Warten am Gleis zusätzlich kalt. Inzwischen habe ich einiges an Erfahrung zu dem Thema Zugfahren gesammelt. Stellen Sie sich vor: Ich stehe/sitze endlich am Gleis mit einem Ticket für Wagen 10, dem reservierten Sitzplatz und höre über den Lautsprecher, dass die Wagen heute in einer anderen Reihenfolge einfahren als auf dem Plan vermerkt. Also muss ich an das andere Ende vom Gleis gelangen. Inzwischen fährt der Zug ein. So schnell komme ich nicht ans andere Ende des Gleises. Stress ist überhaupt nicht gut! Aber ich muss einsteigen, wenn der Zug nicht ohne mich losfahren soll. Auch bei der Bahn gibt es übrigens Unterstützung für Menschen mit Behinderung, wenn man diese anfordert. Meistens wird der Termin auch eingehalten.

Durch den Zug zu gehen ist schwierig. Es wackelt. Der Übergang zum nächsten Wagen ist für Koordination und Gleichgewicht schon eines gesunden Menschen eine Herausforderung. Das Gleiche gilt für den Gang. Bei jedem Umsteigen lande ich zusätzlich auf einem Gleis, von dem ich nicht sicher weiß, wie ich zum nächsten Zug komme. Bei dieser Sachlage fahre ich doch lieber mit dem Wagen! Inzwischen habe ich immer einen kleinen gepackten Koffer für ungeplante Übernachtungen dabei. Duschen mit aufgeschäumter Zahnpasta von der Tankstelle hat mich schlau gemacht ... Selber fahren tun übrigens viele Menschen, die eine körperliche Behinderung haben. Manchmal ernte ich damit

Unverständnis: „Sie könnten doch einen Unfall bauen! Was denken dann die Polizisten, wenn diese Sie aus dem Auto steigen sehen?" Alles klar, dahinter steht ein Glaubenssatz, der etwa so lautet: „Wer behindert ist, baut öfter einen Unfall als ein Mensch ohne Behinderung." Dabei sind wir es in besonderem Maße gewohnt, uns vor einer Handlung abzusichern. Das ist auch im Straßenverkehr sehr nützlich. Außerdem kann ich schon vor der Abreise telefonisch erfragen, wie die Situation vor Ort ist. Die Untersuchung wurde übrigens doch nicht durchgeführt.

1.5 Mein Leben beginnt in Bremen

Gutbürgerlich und gut behütet bin ich aufgewachsen. Ich wollte gerne Schulmedizin mit den Erkenntnissen der Naturheilkunde vereinen, um damit den Menschen das Bestmögliche zu bieten. In der Wartezeit zum Medizinstudium studierte ich in Hamburg einige Semester Chemie. Ich wollte nicht einfach nur warten.

In den langen Semesterferien war ich wieder in Bremen. Mein damaliger Freund suchte einen Nebenjob, den er während seines eigenen Studiums ausüben konnte. In der Naturkosmetik-Branche wurde er fündig. Ich stieg mit ein. Nicht nur für die Semesterferien. Bei diesem Unternehmen lernte ich in den nächsten Jahren, Schulungen zu konzipieren und durchzuführen, Bewerbungsgespräche zu führen sowie Mitarbeiter anzuleiten und auszubilden. Das war genau das Richtige für mich. Studieren wollte ich nicht mehr. Ich arbeite gerne mit Menschen und trage gerne Verantwortung. Ich lernte im Laufe der Jahre die Niederlassung eines Vertriebes zu leiten. Inzwischen lebte ich in Frankfurt am Main.

Meinen Wunsch, Schulmedizin mit der Naturheilkunde zu verbinden, lebe ich inzwischen anders aus. Es gibt Schulmediziner, mit denen ich zusammenarbeite. Ihre Arbeit wird durch meine Energiearbeit unterstützt. In der Schweiz, England oder den USA ist solch eine Zusammenarbeit üblicher als hier bei uns.

1.6 Mein Business-Leben

Ich war als Führungskraft in der Kosmetikbranche tätig – wie Sie bereits wissen. Auch optisch sehr angepasst in Kostüm oder Anzug. An den Wochenenden fanden Schulungen statt. Privatleben gab es nicht. Ich hatte keine Jeans im Schrank und kaum Privatklamotten. Diese brauchte ich auch nicht. Ungezwungene Auszeiten gönnte ich mir zuweilen trotzdem. Ich kann mich erinnern, dass ich im Sommer tagsüber öfter vom Büro aus zum Schwimmen und Sonnenbaden an einen verbotenen See gefahren bin. Die meisten Termine fanden sowieso abends statt. Erst habe ich mich abgeschminkt, habe mein Haar zusammengebunden und bin anschließend losgefahren. An dem See wurde sowieso FKK gemacht. Schwimmzeug brauchte ich also nicht. Aber eine Luftmatratze hatte ich immer dabei und ließ mich damit sehr entspannt auf dem See treiben. Wieder im Büro habe ich mich dann erst einmal gestylt.

1990 suchte ich mir nach Beendigung meiner Zeit in der Kosmetikbranche einen neuen Job. Ich wollte erst einmal nur für mich verantwortlich sein und nicht mehr für Mitarbeiter. Das stellte ich mir sehr erholsam vor. Bundesweit machte ich fast 1 Jahr lang Außendienst und lernte das Verkaufen ganz neu. Es hatte sich allerdings herumgesprochen, was ich gelernt hatte. Nach der Zeit im Außendienst leitete ich zusammen mit einigen Mitarbeitern einen Teil des Ausbildungsbereichs bei diesem Unternehmen. Das fand ich wunderbar. Auch meine Erfahrungen aus dem Außendienst konnte ich gut gebrauchen. Dieses Kapitel meines Lebens war nach einigen Jahren zu Ende. Etwas aber blieb. Mein Mann. Manfred Schmidt. Dort lernte ich ihn kennen!

Seit 1995 bin ich als Trainerin und Personal Coach tätig. Zuerst war ich das jahrelang für eine Unternehmensberatung in Frankfurt am Main. Den Chef konnte ich von Anfang an davon überzeugen, freiberuflich tätig zu sein. Ich verriet ihm, dass ich noch Zeit für meinen anderen Job als Heilerin brauchte. So etwas kannte er von seiner Oma. Trotz dieser sehr positiven Erfahrung habe ich 2 getrennte Leben geführt. Das aber fällt mir erst jetzt auf!

Meinen Beruf als Vertriebstrainerin und Personal Coach fand ich klasse und war ständig unterwegs. Montags morgens in Frankfurt in den ersten Flieger nach

Berlin zu steigen, einen Mietwagen zu übernehmen, nach Potsdam zu fahren und nach der Mittagspause mit einem Training zu beginnen bzw. die Mitarbeiter bei ihrer Arbeit zu begleiten, fand ich normal. Abends in einem schönen Hotel zu übernachten, gut zu essen, ein Buch zu lesen oder Kulturelles zu unternehmen, machte mir Freude. Das liebte ich. Im Laufe der Jahre habe ich allerdings den Stress solcher Aktionen minimiert und bin schon abends angereist!

Die besten Musicals habe ich besucht, kannte die neusten Filme und die witzigsten Kabaretts, z. B. in Leipzig. Zwischendurch traf ich mich mit Trainerkollegen und Freunden zum Essen und zum Klönschnack. Mein berufliches Leben spielte sich bundesweit ab. Durchgehalten habe ich dieses Pensum, weil ich regelmäßig meditierte. Diese 40 Minuten am Morgen und am Abend habe ich mir fast immer gegönnt. Zeit mit sich selber zu haben und dabei allein zu sein, finde ich wichtig. Nur dadurch konnte ich entspannt, humorvoll und offen für die unterschiedlichsten Herausforderungen sein. Wieder in Wiesbaden gönnte ich mir regelmäßig ayurvedische Massagen und tankte dabei auf.

Unternehmen und deren Mitarbeiter habe ich dabei unterstützt, das erfolgreich in der Praxis umzusetzen, was meine Kollegen und ich an Veränderungen durchgeführt hatten bzw. planten durchzuführen. Es war ein Leben auf der Überholspur. Manchmal habe ich die Flughäfen durcheinandergebracht. („Hallo Frank! Was machst du denn hier in München?" Sein verwirrter Gesichtsausdruck brachte mich dazu, mich genauer umzusehen. Wir waren NICHT in München.) Pünktlich war ich trotzdem immer. Noch nie habe ich einen geschäftlichen Termin verpasst und war immer gut vorbereitet. Eiserne Disziplin war das Geheimnis. Zusätzlich hatte ich ein kleines Büchlein, in dem ich notiert habe, bei welchem Kunden ich welche Kostüme oder Anzüge trug. Die Kleidung sollte sich nicht zu häufig wiederholen, fand ich. In den meisten großen Städten kannte ich private Fahrdienste. Auf dem Weg zwischen Flughafen und dem Standort des Kunden wurde ich mit dem versorgt, was ich mochte: Wasser und Obst. Es hat mir Freude bereitet, immer wieder auf andere Menschen zu treffen. Mit einigen Menschen in den Unternehmen habe ich allerdings auch jahrelang zusammengearbeitet und somit ihre Entwicklung erleben können. Ein Thema war Kommunikation. Kommunikation mit Kunden, mit

Kollegen, mit Mitarbeitern und mit dem Chef. Ein anderes Thema war Vertrieb. Vertrieb, ohne die Interessenten und Kunden zu vertreiben. Besondere Freude macht es mir, Lösungen zu finden, die entgegen der üblichen Norm sind, aber funktionierten. Vielleicht funktionieren sie auch gerade deshalb! Nicht jeder Mensch ist gleich. Auch nicht jeder Mitarbeiter im Vertrieb ist gleich. Auch jeder Kunde ist anders.

Ein Beispiel erlebte ich in einem Unternehmen für Netzwerk-Consulting. Mit einem der Consultants nahm ich einen Termin bei einem interessierten Unternehmen wahr. Zu offenbaren, dass ich als Coach dabei bin, hätte zu der Unglaubwürdigkeit des Consultants geführt. Deshalb agierte ich als die Innendienstlerin, die gerne mal erleben wollte, wie es im Außendienst ist. Meine Anwesenheit war vorher abgeklärt worden. Die anschließende Besprechung mit dem Consultant fand vor meinem Abflug auf dem dortigen Flughafen statt. Wir stellten zusammen, welche Antworten er unbedingt noch braucht, um eine passende Lösung von den Technikern erarbeiten lassen zu können. Die Fragen wollte er beim nächsten Gespräch stellen. Dieser Consultant ist sehr kreativ im Finden von Lösungen. Allerdings auch sehr kreativ bei dem Thema Ordnung. Also brauchte er eine Lösung für den Fall, dass er die Liste mit den benötigten Antworten vergessen hatte. Den für ihn notwendigen Info-Bogen steckte er zur Erinnerung in seine Unterlagen. Falls er vergessen sollte, diesen vor dem Kundentermin zu kopieren, konnte er ihn dort kopieren lassen und dem Kunden sagen, dass es ihm wichtig ist, an alles zu denken, und er deshalb diesen Fragebogen zur Erinnerung dabeihabe. Ihn auf dem Notebook gespeichert zu haben und deshalb immer dabeizuhaben, ist die andere Option. Dieses Szenario also für den Fall, dass das Gespräch nicht zusammen mit einem Techniker stattfindet und der Interessent nicht von sich heraus erzählt, was er benötigt.

Eine Aufgabe, die ich außer der Reihe gestellt bekam, war, das Thema

1.7 „Ja-Sagen zu sich/Nein-Sagen zu anderen"

vorzubereiten und als Workshop zu halten. Vor allem die weiblichen Mitarbeiter eines Herstellers von Kopiergeräten zählten zu der Zielgruppe. Es muss '97 gewesen sein. Als Beispiel verwendete ich Szenen aus dem Film „Grüne Tomaten". Einige Szenen in dem Film sind ein gutes Beispiel dafür, welche grotesken Züge es annehmen kann, wenn man nicht zu sich steht. Natürlich habe ich auch für die Zeit mit der MS viel daraus gelernt. Falls Sie den Film gesehen haben, können Sie sich wahrscheinlich an die rundliche Frau erinnern, die sich nackt in Zellophanfolie eingewickelt hatte, um ihren Mann schon an der Haustür so zu empfangen und zu verführen. Beim Heimkommen nahm ihr Mann sie gar nicht richtig wahr, sondern schnappte sich nur sein Essen und setzte sich damit vor den Fernseher. Ihr Plan war gescheitert. Auf jeden Fall hatte ich vor dem Seminar noch genug Zeit, um selber das Nein-Sagen zu üben. Mein Bekanntenkreis hat sich in dieser Zeit dezimiert. Inzwischen bekomme ich aber öfter gesagt: „Frau Lütjen (Ilonka), weil ich weiß, dass Sie sagen, wenn Sie etwas nicht tun wollen, ist mir Ihr JA sehr wertvoll. Ich weiß, dass es ehrlich gemeint ist!" Das gesagt zu bekommen macht mich froh und stolz!

Natürlich ist es völlig o. k., anderen einen Gefallen zu tun. Wenn es freiwillig geschieht! Hier ein paar Fragen, um sich selber auf die Schliche zu kommen. Meist sind es ähnliche Bitten, bei denen Sie schlecht NEIN sagen können, obwohl alles in Ihnen NEIN ruft und Sie sich hinterher über sich selbst ärgern:

✎ Forderungen an Ihre Dienstleistungen (Kuchen backen; Auto verleihen; eine Freundin/einen Freund von A nach B fahren; auf das Kind von Verwandten oder Freunden aufpassen; unvorbereitet einen Vortrag halten; einen Kollegen vertreten), wozu Sie keine Lust oder keine Zeit haben.

🖉 Telefonanrufe anderer, die oftmals mit den Worten beginnen: „Oh, wie gut, dass ich dich/Sie noch erreiche! Ich brauche dringend deine/Ihre Hilfe", wenn Sie es eilig haben oder mit einer wichtigen Arbeit beschäftigt sind.

🖉 Anfragen anderer, sich von Ihnen Geld zu borgen, wenn Sie kein Geld übrig haben oder dem Betreffenden kein Geld borgen wollen.

🖉 Die Bitte eines neuen Kollegen, ihm die Arbeit abzunehmen. Sie wissen, dass Sie selber die Arbeit schneller und korrekter erledigen können. Sie wissen aber auch, dass der neue Kollege es nie lernt, wenn Sie die Arbeit für ihn erledigen.

🖉 Forderungen von Ihrem Chef, Überstunden zu machen, obwohl Sie besonders pünktlich gehen wollen.

- Bitten Ihrer Kollegen, vielleicht gepaart mit einem Kompliment, ihnen eine Arbeit abzunehmen, obwohl Sie dafür keine Zeit haben und eigentlich selber Zeit bräuchten.

- Bitten anderer, Ihnen zuzuhören, wenn Sie nicht in der Stimmung dafür sind oder etwas anderes zu tun haben.

- Wurden Sie schon einmal als zu gutmütig und zu nachsichtig bezeichnet oder beschuldigt, Ihre Kinder oder Ihren Partner zu sehr zu verwöhnen? Bei welchen Gelegenheiten haben Sie so gehandelt?

Wenn Sie wissen, bei welchen Gelegenheiten Sie besonders gefährdet sind JA zu sagen, obwohl alles in Ihnen Sie drängt NEIN zu sagen, können Sie besser auf sich achten! Sie können sich wahrscheinlich an die Situationen erinnern, bei denen Sie sich hinterher über sich selber ärgerten und sich fragten: „Warum habe ich wieder JA gesagt, obwohl ich schon vorher wusste, dass ich mich hinterher wieder über mich selber ärgern werde?" Erstellen Sie zusätzlich Ihre eigene Frageliste.

1.8 Mein Privatleben

Zur Zeit dieser Aufnahme (ca. 1988) bin ich in meiner Freizeit als eine Art Punk rumgelaufen. Mit hochtourigeren, teilweise bunten (durch wasserlösliche Farbe gefärbt) Haarsträhnen, auffallendem Make-up und Springerstiefeln. Als Katastrophen-Make-up habe ich mein Make-up bezeichnet. Es war mein Kontrastprogramm zu der Business-Welt, in der ich ansonsten lebte. Diese Phase meines Lebens hörte auf, als ich feststellte, dass wir Punks genauso angepasst waren wie die Spießer. Nur eben anders. Immer noch bin ich sehr froh über diese Phase meines Lebens. Auch dadurch habe ich viel Verständnis erworben für die (auf den ersten Blick) skurrilen Vorstellungen einiger anderer Menschen. Unter anderem dadurch habe ich die innere Freiheit, mit offenem Geist Lösungen zu finden. Das hat mir auch in meinem Berufsleben sehr geholfen: im Vertrieb, im Umgang mit Mitarbeitern und später natürlich als Trainerin und Personal Coach. Auch bei meinem Umgang mit der MS hat es mir geholfen, Lösungen zu finden.

In 1993 veränderte sich besonders viel. Ich habe natürlich auch bis dahin gelebt und spannende Geschichten erlebt. Zu diesem Zeitpunkt aber habe ich gelernt, zu meditieren, und auch gelernt, mit unterschiedlichen Energien zu arbeiten und zu heilen. Ich wusste vorher immer, dass ich etwas suchte. Ich wusste nur nicht, was ich suchte. Allerdings wusste ich sehr genau, was ich nicht wollte. Erst am Ende meiner Suche lernte ich durch den Hinweis einer Freundin einen Weg kennen, bei dem ich mich wohl fühlte. Dieser Meister hatte das Ziel, uns Schülern das Meditieren und gleichzeitig Selbstverantwortung beizubringen. Die Erkenntnisse und die Einstellung zum Leben, die ich in vielen Jahren erworben habe, begleiten mich bis heute. Und wir lernten, selber die Antworten auf unsere Fragen zu finden. Ich lernte also viel:

über mich,
über die Welt und
über die „Ordnung der Dinge".

Ich erlernte unterschiedliche Techniken, um an mir zu arbeiten. Vor allem aber lernte ich, dass jeder für sich selber verantwortlich ist. Für das, was ihn glücklich macht, genauso wie für das, was ihn unglücklich macht. Natürlich erscheint es auf den ersten Blick viel einfacher, andere für das eigene Leben verantwortlich zu machen. Selbstverantwortung, Eigenverantwortung ist die Bezeichnung für das, was ich lernte. Manchmal hätte ich es leichter gefunden, die Verantwortung für die unangenehmen Ereignisse in meinem Leben auf andere abschieben zu können, statt bei mir selber zu suchen. Das allerdings macht abhängig von anderen und oft handlungsunfähig. Für meine Multiple Sklerose zum Beispiel hätte ich gerne einen Schuldigen gefunden! Meiner Meinung nach ist es unsere eigene Entscheidung, wie wir mit den Ereignissen in unserem Leben umgehen.

Klar, ich bereitete in der privaten Zeit die Termine für mein Business nach und auch vor. Zu Hause aber erholte mich vor allem. Flughäfen, Essen gehen und andere Menschen treffen war nichts, was ich in dieser Zeit vermisste. Natürlich trafen wir Freunde und besuchten zum Beispiel Ballettaufführungen. Ansonsten arbeitete ich energetisch und fand es wundervoll, einen spirituellen Weg zu gehen. Natürlich würde es mir gefallen, wenn Heilarbeit mit Zauberei gleichkäme und ich meine MS hätte wegzaubern könnten! So aber ist es nicht! Bei der energetischen Arbeit lernte ich sehr viel darüber, wie unsere Welt funktioniert. Immer wieder verblüffte es mich (inzwischen habe ich mich besser daran gewöhnt), dass Menschen ungefähr das Gleiche erleben, davon ausgehen, dass die Ereignisse nichts mit ihnen persönlich zu tun haben und sich daran auch nichts ändern lässt. Mit wem allerdings sollen die Ereignisse zu tun haben? Sind diese völlig sinnfreier Zufall?

Sie, liebe Leserin, lieber Leser, werden wahrscheinlich an der Beschreibung meines Lebens merken, dass irgendetwas nicht stimmig ist. Das war es auch nicht. Es waren 2 sehr unterschiedliche Leben, die ich immer getrennt gelebt habe. Es ist zwar o. k., 2 Seiten einer Medaille zu leben. Bei mir aber waren es 2 Medaillen.

Inzwischen weiß ich, dass ich ohne die MS wahrscheinlich weiterhin 2 unterschiedliche Leben führen würde. Diese 2 Leben vereint zu haben, macht mich:

ausgeglichen,
kraftvoll,
glücklich und
entspannt.

Ich fühle, dass ich bei mir angekommen bin. Die inneren Kämpfe haben aufgehört.

2. Mein Weg mit der Multiplen Sklerose

2005. Sie wissen, im Februar wurde die MS bei mir entdeckt. Nach dieser Krankheit änderte sich mein Leben. Nicht sofort, aber mit der Zeit. Dass ich mehr von meinem Verstand gelenkt wurde als von meinem Gefühl, vermutete ich als eine Ursache für die MS. Am Anfang der Erkrankung war ich zwar bei einem Neurologen gewesen, hatte aber mit ihm die Vereinbarung getroffen, dass ich auch zu einem Heilpraktiker gehe. Ich bekam Schlangengift von Horvi und spritzte es täglich. Der Heilpraktiker hatte sehr gute Erfahrungen damit bei seinen anderen MS-Patienten gemacht.

Ich habe einiges ausprobiert, das ich für Sie in Ansätzen darstelle:

2.1 Lernen im Äußeren

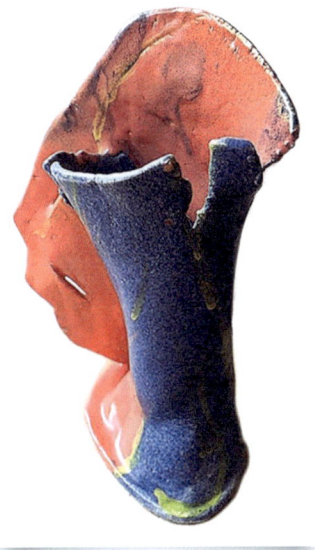

Ich wollte meine Arbeit mit den Händen forcieren. In meiner privaten Zeit besuchte ich einen **Töpferkurs.** Es hat mir Freude bereitet, mit den Händen zu arbeiten und dadurch einen Teil meiner Kreativität auszuleben. Diese Vase entsprach damals meiner Vorstellung von Schönheit. Zu der Zeit war es mir wichtig, Zerrissenheit zu zeigen, wie mir beim Fotografieren der Vase auffiel. Inzwischen ist das für mich nicht mehr ein Ausdruck von Schönheit.

Als Nächstes besuchte ich einen **Goldschmiedekurs**. Den Kurs fand ich wundervoll. Es hat mir Freude gemacht, edlen Schmuck zu entwerfen und zu erstellen.

2006 fing ich an, regelmäßig eine 5-tägige Auszeit mit einer Ayurveda-Kur zu verbinden. Falls Sie

Ayurveda nicht kennen, erkläre ich es ein bisschen. Wörtlich übersetzt bedeutet Ayurveda Lebensweisheit oder Lebenswissenschaft. Der Begriff stammt aus dem Sanskrit. Ayurveda ist eine Kombination aus Erfahrungswerten und Philosophie, die sich auf die für menschliche Gesundheit und Krankheit wichtigen physischen, mentalen, emotionalen und spirituellen Aspekte konzentriert. Dadurch hat Ayurveda einen ganzheitlichen Anspruch. Es bietet eine Kombination aus Ernährung, Yoga und Massagen, die auf den jeweiligen Konstitutionstyp abgestimmt sind. Am Anfang ging ich 2 x im Jahr zu einer dieser Kuren nach Birstein. Der Ort liegt nur ca. 100 km von Wiesbaden entfernt. Später zumindest 1 x im Jahr. Diese Zeiten empfand ich als Turbo-Erholung. Kaum angekommen befand ich mich in einer anderen Welt. Zumindest kam es mir so vor. Alle Mitarbeiter sind liebevoll und achtsam. Vor allem aber gibt es diese wundervollen Massagen! Zusätzlich gesunde und optisch schön hergerichtete Mahlzeiten! Das war Entspannung pur für mich. Das absolute Loslassen, Fallenlassen und Auftanken. Ich musste mich um nichts kümmern. Nur um mich! Alles war gut! Gehätschelt fühlte ich mich auch noch. Niemandem musste ich beweisen, wie toll ich bin. Meistens war es in meinem Kopf ruhig. Störende Gedanken gab es kaum. Genug Ruhe aber für Kreativität. Wenn ich wieder nach Hause fuhr, war ich immer besonders vorsichtig. Ich kam mir vor, als würde ich aus einer anderen Welt wieder in die Realität zurückkommen.

In **Hamburg** gibt es einen **Therapeuten**, der den Zusammenhang zwischen unterschiedlichen Krankheiten und der Einstellung zum Leben hergestellt hat. Ähnlich wie Thorwald Dethlefsen in seinem Buch „Krankheit als Weg". Der grundlegende Gedanke ist, dass alle Krankheitssymptome einen tieferen Sinn für unser Leben haben. Sie übermitteln uns Botschaften aus dem seelischen Bereich und sind ein Anstoß, uns selbst zu finden. Thorwald Dethlefsen und Ruediger Dahlke zeigen hier einen Weg zum tieferen Begreifen von Krankheit. Ich fuhr also nach Hamburg und übernachtete bei meiner Mutter in Bremen. Bei dem Therapeuten schaute ich mir die Grenzen, die ich mir selber setzte, genauer an und traf immer wieder die Entscheidung, welche Grenzen sinnvoll sind und welche ich übernommen hatte. Mit diesen begrenzte ich mich selber. Es waren Grenzen, die überholt waren und mich inzwischen einengten, statt mich zu beschützen.

Sie sorgten nicht mehr dafür, dass Handlungen leichter wurden. Mit der Unterstützung des Therapeuten löste ich diese Grenzen auf. Am Anfang aber mussten wir sie entdecken.

Gymnastik machte ich täglich und ging 1 x in der Woche zur Krankengymnastik. Regelmäßig übte ich zusätzlich in einem Fitnesscenter, um meine Muskeln durch das Gegengewicht von Gewichten zu stärken. Nachdem mir bei dem einen Studio die lange Treppe zum Geräteraum zu mühselig wurde, wechselte ich in ein Studio mit Fahrstuhl. Den Weg zum Eingang aber fand ich nach einer Weile zu weit, da die Behindertenparkplätze in der Nähe der Eingangstür fast immer von den Menschen besetzt wurden, die eigentlich keinen gebraucht hätten. Immer noch finde ich es seltsam, dass Menschen ins Fitnessstudio gehen, um sich auszupowern, aber auf dem Weg dorthin Menschen mit Behinderung die Parkplätze wegnehmen, damit sie selber nicht so weit laufen müssen. Meine Gymnastik machte ich morgens und abends zu Hause. Nach einigen Jahren allerdings hatte ich keine Lust mehr dazu. Es war 2012. Erst in 2015 habe ich wieder mit Krankengymnastik angefangen.

Ismakogie war auch etwas, das ich lernte und von dessen Kenntnis ich mir Unterstützung versprach. Ismakogie ist eine Haltungs- und Bewegungslehre, die Anfang des 19. Jahrhunderts für den Alltagsgebrauch entwickelt wurde. Ismakogie schult das Körpergefühl. Die Unterscheidung von richtigen (im Sinn von ökonomischen) und falschen (im Sinne von Verschleiß verursachenden) Bewegungsabläufen wird bewusst gemacht. Das methodisch aufgebaute Übungsprogramm dient zunächst der Prävention, wird aber auch in der Therapie eingesetzt. So weit zur Theorie. Die Lehrerin ging sehr achtsam mit mir um. Ich übte fleißig. Nach einigen Monaten aber stellte ich fest, dass dieser Weg nicht die Lösung meiner Probleme war.

Zusätzlich ging ich zu einer **chinesischen Ärztin**. Zuerst untersuchte sie mich sehr genau. Bei ihr ging ich dann zur Akupunktur und zum Schröpfen. Als handgreiflich anders empfand ich mich zwar körperlich nicht, aber ich hatte ein sehr gutes Gefühl zu der Therapie. Auf jeden Fall war sie genau auf mich abgestimmt.

2.2 Die Konstante: mein Mann

In diesen wandelhaften Zeiten gab und gibt es eine Konstante: meinen Mann! Er hat es geschafft, sehr in sich ruhend, mit mir gemeinsam alle Herausforderungen durchzustehen und gleichzeitig mit mir zusammen viel Freude zu genießen. Übrigens bin ich froh, dass mein Mann sehr gerne mit sich allein ist. Ich habe ihn immer als Geschenk empfunden. So empfinde ich das Zusammenleben mit ihm immer noch. Als großes Geschenk! 1,78 m! Mit ihm ist alles schöner! Bis ich ihn traf, wollte ich nie heiraten und auch keine Kinder haben. Tja, das Leben bietet Überraschungen.

Im **Spätsommer 2009** wusste ich plötzlich mit absoluter Klarheit, dass ich etwas Grundlegendes ändern muss, wenn ich nicht durch die MS vor die Hunde gehen wollte. Das tat ich!

3. Anfang zur Änderung: Savoyen

3.1 Innere Arbeit

Der Entschluss fiel mir schwer. Mein Weggang aber kam mir wie meine Rettung vor. Es hat mir Angst gemacht, aber ich musste es tun. Aus Wiesbaden bin ich geflohen und mit letzter Kraft (so kam es mir zumindest vor) an meinem Rückzugsort angekommen. Ich hatte Kleidung, eine Leinwand, Farben, Geld, Bücher, ein Tagebuch, meinen Altar (ein kleines Tischchen) und ein bisschen Proviant eingepackt. Dann fuhr ich los!

Mein Ziel für diese Auszeit war es, in meinem Leben aufzuräumen. Ähnlich dem, was ich seit 2014 in meinem Workshop *Lebens*Wände anbiete. Ich ließ mich von dem Spruch inspirieren, den ich seit 20 Jahren immer in meinen Unterlagen habe und den ich bei passender Gelegenheit im Seminar vorlese:

„Gott gebe mir die Gelassenheit, zu ertragen, was ich nicht ändern kann,
den Mut, zu ändern, was ich ändern kann, und die Weisheit,
das eine vom anderen zu unterscheiden."
Friedrich Christoph Oetinger

Ich wollte herausfinden, was ich ändern kann und was es zu akzeptieren gilt. Für diese Arbeit mit mir wollte ich allein sein und musste es auch. Mir war klar, dass ich diese Arbeit nur allein tun konnte. Das zu tun hatte ich gelernt. Lust hatte ich dazu nicht! Es war ein innerer Zwang. Für diese Zeit stellte mir eine Freundin das Haus zur Verfügung, das sie mit ihrem Mann als Ausgangspunkt für Skiurlaube nutzte. Also fuhr ich nach Frankreich.

In den Savoyen fand ich die nötige Ruhe. Das Lauteste war das Kuhglockengeläut von den nahen Weiden. Dort, wo ich war, gibt es nur Berge, Wälder, Wiesen und keinerlei Ablenkung. Ein großes Doppelhaus aus Holz inmitten grüner Hügel bot mir viel Platz und ein bisschen Luxus. Das Haus hat sogar einen Aufzug. Mir kam diese Ausstattung natürlich sehr entgegen. Im Nachbarhaus wohnte eine Bekannte. Wir fanden uns gegenseitig immer schon schrecklich. Fast alle persönlichen Vorurteile bündelten sich in der jeweils anderen. Nach dem Auspacken meiner Sachen und dem ersten gemeinsamen Abendessen freundeten wir uns an. Sie ist herzlich und ganz anders, als ich vermutet hatte. Sie respektierte meinen Wunsch, mich zurückzuziehen. Trotzdem verbrachten wir Zeit miteinander, kauften gemeinsam ein und kochten gelegentlich zusammen. Ihre Tochter holte ich manchmal von der Schule ab. 1 x in der Woche fuhren wir gemeinsam ins Meditationszentrum in der Nähe von Genf. Die kurze Entfernung von nur 60 km hatte den Ausschlag für den Standort des Hauses gegeben. Meine Freunde meditierten auch.

Das Gästezimmer richtete ich mir zum Schlafen ein und stellte meinen Altar in ein kleines Zimmer, in dem ich sogar Räucherstäbchen abbrennen durfte. Einen Altar zu haben hat den Vorteil, dass ich immer wusste, wo ich zur inneren Arbeit hingehen soll. Dort verbrachte ich, meist eingehüllt in eine kuschlige Decke, viel Zeit in den nächsten 4 Wochen. Fleißig schrieb ich meine Gedanken und Entscheidungen in mein Tagebuch/Workbook. Manchmal war ich am nächsten Tag von meinen eigenen Gedanken überrascht. Manchmal veränderte ich auch meine Entscheidungen. Mit dem Abstand eines Tages oder auch mehrerer Tage sah einiges wieder anders aus. Da ich eher abends und nachts munter bin, habe ich auch abends eher an mir gearbeitet als tagsüber. Zumindest was die bewusste Arbeit betraf.

Nachdem ich morgens aufgestanden war, bin ich erst einmal mit meinem Kaffee rausgegangen und habe von der Terrasse aus der Sonne dabei zugesehen, wie sie die Wolken vertreibt. Im Tal hing oft noch der Nebel, während hier oben alles schon von der Sonne angestrahlt wurde. Ich fand diese Zeit allein mit mir schrecklich; erfahrungsreich; einsam; wunderschön; sehr traurig; wegweisend. Ich habe geweint, geflucht und geschrien (manchmal in ein Kissen). Dass die Sonne meistens schien, hat mir bei all dem sehr geholfen. Der Nachbarin hatte ich vorher Bescheid gegeben, damit sie sich keine Sorgen um mich macht. Sie kannte solche Zeiten. Das beruhigte mich. Ansonsten stand das Haus allein. Alles und jeden, der mir einfiel und der es meiner Meinung nach verdient hatte, habe ich gedanklich mit meiner Wut überschüttet. Mich selber eingeschlossen! Es ist wie beim Aufräumen. Zuerst muss das ganze Gerümpel weg, damit überhaupt Platz für Neues da ist. Ansonsten sieht es aus wie bei Messies. Der Begriff Messie-Syndrom bezeichnet schwerwiegende Defizite in der Fähigkeit, die eigene Wohnung ordentlich zu halten und die Alltagsaufgaben zu organisieren. Solch ein Gerümpel wollte ich nicht in meinem Inneren haben.

Die wichtigste Frage für mich:

🖉 Warum will ich MS haben?

Ich weiß, dass diese Frage etwas oder auch sehr skurril klingt. Dass ich mich nicht bewusst, vielleicht noch mit einem Katalog unheilbarer Krankheiten vor mir, dafür entschieden hatte, MS zu bekommen, ist wahrscheinlich klar, oder? Ich gehe allerdings davon aus, dass diese Frage und die Antwort für mich den Anfang zum Stillstand der MS gebracht haben.

🖉 Wozu ist diese Krankheit gut?

✏ Was ist für mich der Nutzen dieser Krankheit?

_____
_____
_____

✏ Was kann ich durch sie lernen, was ich anders nicht gelernt habe?

_____
_____
_____

✏ Mit welchem Thema müsste ich mich beschäftigen, wenn die MS nicht da wäre?

_____
_____
_____

In dieser Form lassen sich übrigens alle „Warum will ich?"-Fragen ergänzen. Zwar hatte ich mir diese Fragen bereits des Öfteren gestellt, aber ich wollte es noch einmal in Ruhe tun. Ich glaube, dass die Antworten auf diese Fragen der Anfang der Änderung waren. Ich gehe davon aus, dass die Dinge, die in unserem Leben passieren, also auch in meinem Leben, einen Grund haben. Einen Grund, der es positiv mit uns meint. Manchmal erkennen wir den Grund gleich, manchmal erst später und manchmal nie. Zumindest kann ich mich gut erinnern, dass ich gelegentlich erst rückblickend erkannt habe, warum das Ereignis, das ich so schrecklich fand, im Endeffekt gut für mich war. Also kann ich auch gleich nach dem Positiven suchen. Das minimiert die Zeitdauer des Leidens! Zumindest hatte ich das für mich beschlossen. Leiden allerdings ist wichtig. Wenn wir es nicht gleich tun, sondern in die Zukunft verdrängen, kommt es häppchenweise wieder zum Vorschein und dauert länger. Dass sich nicht alles sofort lösen lässt, ist klar.

Dafür aber gibt es z. B. Unterstützung von Coaches. Die Vorstellung, nur positiv zu denken und alles vermeintlich Negative zu verdrängen, ist nicht mein Weg. Zumindest ist das meine Erfahrung. Wie ich erkannte, war die MS u. a. deshalb da, um mich ruhigzustellen. Das hat geklappt! Ruhigzustellen, damit ich mir die Zeit nehme, IN RUHE mein Leben zu betrachten, zu sortieren, neu zu ordnen und anders zu leben. Glücklicher!

3.2 Eine Waagschale gibt den Ausschlag

Typische Tage meiner Vergangenheit und Gegenwart habe ich gedanklich Revue passieren lassen und überlegt:

- Was hat mich mein Handeln an Energie gekostet? Auch bei dieser Frage hatte ich immer eine imaginäre Waagschale vor Augen.

- Welche Energie hat mir mein Handeln geliefert?

✏ Lohnt es sich für mich, den Aufwand zu betreiben, der gefordert ist? Wenn ja, warum?

✏ Ist die Relation zum erwarteten Ergebnis für mich o. k.? Wenn ja, warum?

✏ Welche Handlungsalternativen gibt es für mich?

✏ Lohnt es sich/ist es wichtig, darauf zu drängen, dass alles so erledigt wird, wie ich mir das vorstelle? Wenn ja, warum?

✏ Welche andere Möglichkeit gibt es, die Sache zu erledigen? Vielleicht ist es anders sogar besser und ich war nur nicht auf diese Idee gekommen.

3.3 Eine Entscheidung, die mein Leben vereinfacht

Wenn mir etwas nicht gefällt, ich es aber selber nicht ändern kann und ein anderer für sein Tun nicht von mir bezahlt wird, dann gilt es das Unveränderliche zu akzeptieren. Auch wenn es mir schwerfällt!

✏ Was gilt es also für mich zu akzeptieren?

_____
_____
_____

3.4 Selbstbild mit und ohne Behinderung

✏ Mein Selbstbild ohne Behinderung mit meinem Selbstbild mit Behinderung zusammenzubringen. Das Fremdbild von mir mit Behinderung konnte ich noch nicht einschätzen, wie ich feststellte.

_____
_____
_____

Ich war später übrigens von dem Feedback anderer positiv überrascht!

✏ Mich mit meinem Fremdbild aus der Vergangenheit zu beschäftigen war ebenfalls wichtig. Teilweise wirkte ich wie eine zwar erfolgreiche, aber arrogante Zicke. Besonders Bekannte monierten das. Bei Kunden verhielt ich mich scheinbar anders.

_____
_____
_____

🖉 Eine Erkenntnis für mich war besonders scheußlich. Obwohl ich in meinem Selbstverständnis davon ausging, dass ich unabhängig von den Erwartungen anderer war und mich vor allem nach mir selber richtete, war es nicht so.

_____

_____

_____

_____

3.5 Verknüpfen, aber wie: Business + Heilarbeit

🖉 Wie kann ich diese beiden unterschiedlichen Seiten von mir verknüpfen?

_____

_____

_____

_____

Bitte erinnern Sie sich an die Tagträume aus den Teenie-Zeiten. Zwar ging es dabei meistens um die Frage: „Spricht er/sie mich an und was tue ich danach?", aber das Prinzip ist ähnlich. Auch Profisportler üben mit dieser Methode für ihre Wettkämpfe. Sie stellen sich immer wieder den zum Beispiel perfekten Sprung vor, ohne diesen körperlich auszuführen. Erst wenn ihre Vorstellung o. k. ist, helfen körperliche Übungen weiter.

🖉 Wie könnte meine Zukunft aussehen? Ich entwarf gedanklich ein Bild:

_____

_____

_____

_____

Ich habe mich gnadenlos auseinandergenommen und wieder zusammengesetzt. Zumindest kam es mir so vor. MS bedeutet auch, sich selber Grenzen zu setzen bzw. dieses geschehen zu lassen. Wir engen uns ein und machen uns dadurch selber handlungsunfähig.

3.6 Eigene Grenzen

✐ In welchen Bereichen setze ich mir selber Grenzen?

_____
_____
_____
_____

✐ Wie, wodurch und wann begrenze ich mich selber?

_____
_____
_____
_____

✐ Welche Grenzen sind für mich sinnvoll und hilfreich?

_____
_____
_____
_____

✐ Welche Grenzen behindern mich, statt mich zu schützen?

_____
_____
_____
_____

🖊 Bei welchen Grenzen, die andere für mich setzen, ist es für mich o. k., einen Kompromiss mit mir einzugehen?

_____
_____
_____
_____

🖊 Bei welchen Grenzen, die andere für mich setzen, werde ich es zukünftig ablehnen, einen Kompromiss mit mir einzugehen?

_____
_____
_____
_____

3.7 Andere Fragen

🖊 Was in meinem Leben möchte ich nicht wieder erleben?

_____
_____
_____
_____

🖊 Was in meinem Leben möchte ich auf jeden Fall wieder erleben?

_____
_____
_____
_____

✎ Welche dieser Erwartungen ist realistisch?

✎ Mit welcher Erwartung mache ich mich selber permanent unglücklich, weil ich sie nicht mehr erfüllen kann?

✎ Was genau lässt mich leiden?

✎ Was genau macht mich froh und glücklich?

✎ Wie fühle ich mich momentan?

✎ Was denke ich über mich?

✎ Wie empfinde ich mich?

✎ Gibt es Ereignisse in meinem Leben, die sich immer wieder gleich oder ähnlich ereignen? Welche sind das?

✎ Wozu passieren diese Dinge immer wieder ähnlich – auch wenn Jahre, Monate oder Tage dazwischenliegen?

✎ Worauf in meinem Leben bin ich stolz?

✏ Was genau macht mich stolz auf mich?

✏ Was finden andere Menschen an mir gut?

✏ Welche Ziele sind überholt und passen nicht mehr zu mir?

✏ Welche Ziele sorgen dafür, dass ich mich auf dem Weg zum Erreichen dieser Ziele eher schlapp als kraftvoll fühle?

✏ Welche Ziele möchte ich deshalb aus meinem Leben verabschieden?

✎ Wie werde ich das tun?

✎ Welche Ziele passen jetzt besser zu mir und machen mich froh? Machen sie mich sowohl auf dem Weg als auch beim Erreichen froh?

✎ Reicht für mich das Ziel, bei jeder meiner Handlungen das Passende zu tun? Welches andere Ziel ist für mich passender?

✎ Was sind die Alternativen zu den unerreichbaren Zielen? Ziele, die mich momentan in meinem Leben glücklich machen könnten?

Das Stellen von Fragen ist natürlich erst der Anfang der Arbeit. Ein wichtiger Anfang allerdings. Damit es nicht so ähnlich wird wie in dem Witz: „… so, und die Auflösung des Knotens zeigen wir Ihnen dann beim nächsten Mal! Schalten Sie wieder ein!", erkläre ich natürlich kurz eine Möglichkeit, den Knoten auch wieder aufzulösen.

Es geht darum, Alternativen zu finden für die Handlungen/Geschehnisse, die Ihnen wichtig sind, die aber nicht mehr gut funktionieren. Dinge also, die mehr Energieaufwand erfordern als Energiegewinn bringen.

1. Etwas Tolles zu essen bestellen, liefern lassen, Kerzen anzünden, einen Wein aufmachen und Musik hören, statt essen zu gehen. Es gibt nicht nur Lieferservices für Pizzen, wie ich festgestellt habe! Bei uns in der Nähe gibt es z. B. ein wundervolles persisches Restaurant, bei dem man bestellen kann und anschließend das Essen abholt. Diesen Weg macht mein Mann. Auch Sushi lässt sich bestellen.
2. Kutsche fahren statt selber reiten, ist eine weitere Idee. Ich habe zwar reiten gelernt, würde aber inzwischen vom Pferd fallen, vermute ich. Falls ich überhaupt raufkomme. Auch der Aufwand wäre mir viel zu groß.

3.8 Alternativen finden/Realistische Ziele

	Tue ich gerne	Eigenes Empfinden	Energieaufwand	Alternative
1.	Essen gehen in schöner Umgebung	verwöhnen lassen umsorgt werden ist Luxus	zu viel	gutes Essen bestellen
2.	Auf einem Pferd reiten	macht Spaß Gefühl von Freiheit	zu viel	Kutsche fahren
3.	Workshop halten	anderen weiterhelfen Wissen weitergeben	ist o. k.	keine; aber weniger Termine; mehr telefonisch arbeiten

Mit diesem Beispiel fange ich oft meine Seminare an:

	Tue ich gerne	Eigenes Empfinden	Energieaufwand	Alternative
4.	Farbe meiner Kleidung passend zu meinen Accessoires	finde ich schön	ist o. k.	mein Gehstock passt farblich zum Rollator (weinrot); selbe innere Grundhaltung

✏️ **So könnten Ihre Überlegungen aussehen:**

1. _____

2. _____

3. _____

4. _____

Mir war auch klar, dass es unsinnig ist, etwas verbergen zu wollen, das sowieso für alle sichtbar ist. Ich kann nicht gut laufen und schwanke oft beim Gehen. Bevor sich die Menschen Gedanken über das machen, was sie nicht einschätzen können, erzähle ich lieber über mich. Die Energie, die ich bräuchte, das Offensichtliche verbergen zu wollen, kann ich anders besser gebrauchen. Auch zu diesem Thema fällt mir eine Geschichte ein. Als ich in der Kosmetikbranche tätig war, hielt eine Mitarbeiterin nach der Mittagspause das geplante Seminar im Stehen. Dabei verschränkte sie die Arme permanent vor der recht üppigen Oberweite. Natürlich sprach ich sie in der nächsten Pause darauf an. Sie zeigte mir den Tomatenfleck auf ihrer Bluse. Raten Sie mal, über was sie sich während des Trainings mehr Gedanken machte: über den Tomatenfleck oder über das Seminar? Inzwischen weise ich auf das Offensichtliche hin. Dadurch habe ich meinen Kopf wieder für andere Gedanken frei.

Um Platz für Neues zu schaffen (wie im Kleiderschrank), steht zuerst Aufräumen und Entsorgen an. Auch dafür gibt es unterschiedliche Möglichkeiten.

1. Man kann aufschreiben, was man entsorgen möchte und verbrennen oder
2. verbrennen und anschließend die Asche in ein fließendes Gewässer streuen. Eine Teilnehmerin meines Workshops rief mich kurz nach dem Termin an und sagte mir, dass sie die Asche mit Leitungswasser runtergespült hatte. Das ist pragmatisch, aber es funktioniert natürlich auch. Sie war nachts aufgewacht und überlegte, wie sie zu dieser Uhrzeit die Asche entsorgen kann. Sie wollte es unbedingt sofort tun! Nach dieser Tat konnte sie endlich wieder ruhig schlafen.

3.9 Glaubenssätze

Machen Sie sich bitte auch auf die Suche nach Glaubenssätzen. Sätzen also, an deren Richtigkeit Sie glauben und die Ihr Leben beeinflussen. Diese Glaubenssätze können hilfreich sein. Sich beim Überqueren einer Straße immer zu fragen, ob man jetzt rechts oder links schauen soll, dauert zu lange. Manchmal behindern

Glaubenssätze aber auch. Meistens stammen diese Sätze aus der Vergangenheit. Sie passen nicht mehr zu der momentanen Realität. Wirken aber tun sie immer noch. Auch wenn wir das nicht wollen! Formulieren Sie diese Sätze um. Beim Neuro-Linguistischen Programmieren (NLP) wird genauer vermittelt, wie das gehen kann.

Sätze wie:

„Das kannst du nicht! In unserer Familie können wir das alle nicht!"

„Das darf man nicht! Wenn du … tust, dann wirst du deine gerechte Strafe schon erhalten!"

„Man darf sich nicht in den Vordergrund drängen! Was sollen dann die anderen Leute von dir/uns/Ihnen denken?"

Recht viele Glaubenssätze stammen übrigens aus der Kindheit.

Bei mir war es u. a. dieser Satz:

„Wenn ich mich so unperfekt zeige, wie ich bin, dann werde ich im Business keinen Erfolg haben!"

✏ **Welche Glaubenssätze sind es bei Ihnen?**

1. _____
   _____
   _____
   _____
   _____

2. _____

3. _____

4. _____

5. _____

Die nächste Aufgabe ist es, die eigenen Glaubenssätze auseinanderzunehmen, in Frage zu stellen und umzuformulieren:

Beispiel:

„Das kannst du nicht! In unserer Familie können wir das alle nicht!"

- Wer sagt, dass ich das nicht kann?
- In welchem Alter konnte ich das nicht?
- Wie oft konnte ich das nicht?
- Was genau kann ich nicht?
- Was kann ich stattdessen? Worin bin ich gut?
- Wer sagt, dass das in unserer Familie keiner kann?
- Wer ist alle?
- …

„Das darf man nicht! Wenn du … tust, dann wirst du deine gerechte Strafe schon erhalten!"

- Wer genau sagt das?
- Wer ist man?
- Was passiert, wenn ich das doch tue?
- Welche Strafe ist in deinen/Ihren Augen gerecht?
- Will ich auch diese Strafe erhalten?
- Was ist das Schlimmste, das ich mir als Ergebnis vorstellen kann?
- Wenn das Schlimmste eintritt, was tue ich dann?
- …

„Man darf sich nicht in den Vordergrund drängen! Was sollen dann die anderen Leute von dir/uns denken?"

- Wer genau ist man?
- Was passiert, wenn ich mich in den Vordergrund dränge?
- Was genau ist der Vordergrund?
- Wer sind die anderen Leute?
- Was passiert, wenn andere über mich urteilen?
- Warum sollte mich interessieren, was andere von mir denken?
- …

Diese Frageliste ist nicht komplett. Mit Hilfe eines NLP-Fachbuchs finden Sie sicherlich ergänzende Fragen, durch die Sie Ihre Glaubenssätze genauer betrachten können. Seien Sie selber kreativ!

✎ **Schreiben Sie hier Ihre Glaubenssätze auf und notieren Sie sich anschließend die Fragen, die Ihnen dazu einfallen:**

1. „_____"
- _____
- _____
- _____
- _____
- _____

2. „_____"
- _____
- _____
- _____
- _____
- _____

3. „_____"
- _____
- _____
- _____
- _____

4. „_____"
- _____
- _____
- _____
- _____

3.10 Mein Ziel Bild

Dieses Bild habe ich zum Abschluss meiner sehr zurückgezogenen und erkenntnisreichen Zeit in den Savoyen gemalt. Endlich war ich wieder bei mir angekommen. Ich glaube, dass das intensive Infragestellen meines Lebens und das anschließende Neuordnen den Anfang der Änderung zum Positiven für mich gebracht haben!

Für mich ist dieses Bild das Symbol für meinen Weg. Jetzt hängt es bei uns im Wohnzimmer. Nach 4 Wochen wusste ich, dass die Zeit der Zurückgezogenheit zu Ende ist. Zum Glück wurde ich von meinem Mann liebevoll empfangen! Mir war allerdings unklar, wie ich wieder in meinem Alltag klarkommen sollte! Ich war es jetzt gewohnt, allein zu sein, und hatte Angst vor der neuen Aufgabe, die auf mich wartete. Die Aufgabe, meine Erkenntnisse sowohl im Beruf als auch im Privatleben umzusetzen. Bis sich auch körperliche, positive Veränderungen einstellten, dauerte es adings noch weitere 2 Jahre.

4. Zu Hause

4.1 SRT-Gerät (Stochastische Resonanztherapie)

Regelmäßig ging ich auf ein SRT-Gerät. Dieses Gerät steht in einem Rehazentrum bei uns in der Nähe. Die beiden Bretter wackeln und die Frequenz dieser Bewegung lässt sich unterschiedlich einstellen. Aber immer geschieht das Wackeln nach dem Zufallsprinzip und ist nicht vorhersehbar. Der Körper muss sich also jedes Mal wieder neu orientieren. Als ich das erste Mal auf den Brettern stand hatte ich das Gefühl, dass ich es nie schaffen würde, jemals freihändig darauf zu stehen. Nach 3 Monaten und dem Üben 2 x in der Woche stand ich auf diesen Brettern bei der höchsten Wackelstufe und spielte mit der Therapeutin Ball. Irgendwann stand ich mit geschlossenen Augen und auf einem Bein auf dem Wackelbrett. Ball habe ich dann natürlich nicht gespielt. Meine Hände hatte ich zur Sicherheit immer griffbereit über den Handläufen. Irgendwann aber hörte ich damit auf. Meine körperlichen Fortschritte waren toll, aber es löste nicht mein Problem: Die MS war immer noch da.

Ich arbeitete natürlich auch zu Hause weiter an mir. Meine Arbeit in den Savoyen war aber die wichtigste Grundlage dafür. Als Nächstes schaute ich mir mein Verhältnis zu meiner Mutter an. Was ich dabei entdeckte, verblüffte mich. Auch andere Themen meines Lebens waren sehr ergiebig. Wie genau diese Arbeit aussieht und funktioniert, beschreibe ich in diesem Buch nicht! Es ist schlecht in Worte zu fassen. Ich möchte nicht noch einen Ratgeber schreiben, dessen Titel ungefähr so lautet: „Die 100 Schritte zum Stillstand einer unheilbaren Krankheit". Das ist ein Thema für meine Workshops oder sehr persönliche Coaching-Sitzungen.

4.2 Ganzheitliche Coaching-Ausbildung

Nach meinem „Infragestellen" in den Savoyen durchlief ich 2010 beim Frankfurter Ring eine ganzheitliche Coaching-Ausbildung in Theorie und Praxis. Im August endete die Ausbildung mit einer Prüfung.

Bei dieser Ausbildung fand ich ins Leben zurück. Zumindest empfand ich das so. Die meisten Theorien kannte ich. Bei der Ausbildung arbeiteten wir auch praktisch und protokollierten dieses. Ich konnte wieder fühlen, wie gut ich bin! Das hatte ich vergessen. Ich bekam wieder Vertrauen zu mir. Meine Kenntnisse und Erfahrung, die ich durch einige Ausbildungen, durch Bücher und meine jahrelange Praxis besaß, konnte ich wieder wahrnehmen. Das machte mir Mut. Was ich neu lernte: Struktur! Davon hatte ich immer zu wenig. Auf meine Intuition konnte ich mich verlassen. Struktur aber ist die Grundlage für fast alles. Das hatte ich endlich eingesehen. Mit der Umsetzung klappt es allerdings nicht immer, wie ich feststellte, als ich mit dem Schreiben dieses Buches begann.

Inzwischen bilde ich selber auch Coaches aus. Immer nur im kleinen Kreis von 1–3 Personen. Meine Ausbildungen sind also individuell und auch deshalb nachhaltig.

Ende 2010, zum Ende der Ausbildung, gründetet ich ein neues Unternehmen:

4.3 Busicap entsteht

Business mit Handicap. Noch nie in meinem Leben habe ich so viel Akquise gemacht, um eine Idee ins Laufen zu bringen. Ich rief bundesweit bei Krankenhäusern an und sprach mit den verantwortlichen Ärzten der Reha-Abteilungen. Auch mit einem Mitarbeiter von Malu Dreyer, die jetzt Ministerpräsidentin von Rheinland-Pfalz ist, hatte ich einen Termin in Mainz. Auch sie hat ihre MS öffentlich gemacht. Eine Freundin von mir, die eine PR-Agentur hat, schrieb einen Pressebericht über dieses neue Konzept und veröffentlichte den Bericht. Ich telefonierte nach. Es gab Berichte in den Medien. Journalisten waren von der Idee begeistert. Das aber war auch schon alles. Um meine Dienste auch Rollstuhlfahrern anbieten zu können, schloss ich mit dem Rehazentrum, in dem ich sowohl regelmäßig trainierte als auch Krankengymnastik machte, eine Vereinbarung. Wenn ich einen rollstuhlgerechten Zugang bräuchte, konnte ich dort einen Raum nutzen. Bei mir gibt es eine Treppe zum Coachingraum. Viele Telefongespräche endeten allerdings bei der Frage des Anrufers: „Ja, und wer zahlt das?" Meine Antwort: „Sie!", brachte die Anrufer meistens zu der verblüfften Aussage: „Wieso ich? Ich habe doch schon eine Behinderung!" Gelistet wurde ich bei der Plattform www.myhandicap.de als Expertin. Mein Chef aus der Unternehmensberatung hatte diese Plattform gegründet. Er kannte mich und wusste, dass er mich mit gutem Gefühl auf seine Community loslassen konnte. Einige Beratungen habe ich inzwischen durchgeführt.

4.4 Busicap verändert sich

2011/2012 veränderte ich Busicap dahingehend, dass ich es auf die Bedürfnisse von Unternehmen ausrichtete. Aber auch das veränderte wenig. Verstehen kann ich das bis heute nicht. Einer meiner Kunden aus dem IT-Bereich, bei dem ich wieder als Vertriebstrainerin tätig war, sagte mir, dass sein Unternehmen viel lieber die Ausgleichsabgabe bezahle, als einen behinderten Mitarbeiter einzustellen. Als Grund gab er an, dass die Mitarbeiter dieses Unternehmens oft bei Kunden sind. Seiner Meinung nach würde sein Unternehmen beim Kunden unprofessionell wirken, sobald es auch Menschen mit Behinderung beschäftigt. Das ist also auch ein Glaubenssatz, der ungefähr so lautet: „Behinderte Mitarbeiter lassen Unternehmen unprofessionell wirken!" Meiner Erfahrung nach werden Unternehmen eher positiv eingeschätzt, wenn sie ihrer sozialen Verantwortung gerecht werden. Es gibt auch Studien, die zeigen, dass das Betriebsklima in Unternehmen, die auch behinderte Mitarbeiter beschäftigen, freundlicher ist. Die Mitarbeiter geben stärker aufeinander Acht. Der Mensch mit Behinderung wird oftmals inoffiziell zur Vertrauensperson gewählt. Manchmal auch offiziell.

Eine Bekannte brachte mich auf die Idee, Kontakt mit dem **Integrationsamt** in Wiesbaden aufzunehmen. Das tat ich! Auch ein Training mit einigen der Mitarbeiter hat in meinem Schulungsraum stattgefunden. Einen zinslosen Kredit habe ich später glücklicherweise auch erhalten! Damit konnte ich einen Imagefilm bezahlen, der über mich gedreht wurde. Genauso einige Käufe finanzieren, die für mich dringend notwendig waren, um beruflich wieder auf die Beine zu kommen. Geld verdiente ich immer noch viel zu wenig. Tja, Geld!! Um zu leben/zu überleben, hatte ich meine private Rentenversicherung aufgelöst und gleichzeitig meine Ersparnisse. Nach einigen Jahren der MS war mir zumindest wieder eingefallen, dass ich vor Ausbruch der Krankheit eine Grundfähigkeitsversicherung abgeschlossen hatte. Vor allem als Selbstständiger ist diese Versicherungsform sinnvoll. Sie versichert körperliche Grundfähigkeiten wie Gehen, Stehen, Laufen, Sehen, Hören und Fühlen. Es ist keine Berufsunfähigkeitsversicherung. Die hätte nicht gezahlt.

4.5 September 2010/April 2011

Die körperlichen Symptome wurden trotz meiner inneren Arbeit in den Savoyen und zu Hause immer heftiger. Der Neurologe verschrieb mir Copaxone. Dieses Mittel spritzte ich täglich subkutan (unter der Haut). Inzwischen gibt es Medikamente, die oral eingenommen oder als Nasenspray verabreicht werden. Das aber gab es damals nicht. Mitte des Jahres 2011 ging ich wieder ins MRT. Die meisten Entzündungen waren inaktiv. Allerdings hatte ich das Gefühl, dass diese Besserung nicht durch das Copaxone gekommen war. Deshalb habe ich es abgesetzt.

Auf jeden Fall verbrachte ich jetzt viel Zeit zu Hause. Unterwegs bei Kunden war ich kaum noch. Da ich immer zwei unterschiedliche Leben geführt hatte und damit glücklich war, war ich es jetzt nicht! Einen sehr großen Teil meiner Persönlichkeit lebte ich nicht mehr aus. Das war fatal für mein Selbstwertgefühl! Immer unglücklicher und unzufriedener wurde ich.

Bis ich es schaffte, beide Teile meiner Persönlichkeit zu vereinen, lag noch ein weiter Weg vor mir. Aber es hat sich gelohnt. Ich habe meistens den Eindruck, noch nie so glücklich gewesen zu sein.

Es half mir, dass im **April 2011** der Niederlassungsleiter eines Bildungsinstituts eine Lehrerin suchte. Die Schulungsräume sind 2 Minuten entfernt, wenn ich mit dem Wagen fahre. Die Kurse dauern jeweils ein halbes Jahr. Thema: Verkauf im Einzelhandel. Später kam das Thema Kommunikation hinzu. Zielgruppe dabei waren Menschen, die eine Ausbildung zur Rezeptions- und Empfangskraft machten. Lehren kann ich. Als Lehrerin zu arbeiten, die Schüler 2–3 x in der Woche zu sehen und einen logisch fortlaufenden und thematisch aufeinander aufbauenden Unterricht zu bieten, war neu für mich. Auch die Klientel war völlig anders als die gewohnte. Es ging nicht mehr um Vertrieb im B-to-B-Bereich. Die Klientel waren Umschüler mit und ohne Migrationshintergrund. Gelernt habe ich selber sehr viel und habe entdeckt, wie wundervoll es ist, auch auf dieser Ebene zu arbeiten. 5 Jahre lang war ich für dieses Weiterbildungsinstitut tätig.

Trotzdem habe ich weiterhin versucht neue Business-Kontakte zu knüpfen. Ein Jahr lang traf ich mich 1 x in der Woche morgens zu einem Business-Frühstück. Ich hoffte auf Kontakte, die mich beruflich weiterbringen würden. Die aber gab es für mich nicht. Völlig klar! Ich wollte wieder das Gleiche tun wie vorher und dachte, dass die innere Veränderung ausreicht. Mein Inneres zu verändern war ein Anfang. Ausgereicht hat es noch nicht. Meine innere Veränderung wollte ich auch im Äußeren zeigen. Nach einem dieser Treffen im August 2011 bin ich gestolpert und habe mir das Nasenbein gebrochen. Ich hatte noch nicht gelernt mich **immer** mit einer Hand festzuhalten.

Körperliche Unfälle gab es noch einige.
Zum Glück ohne bleibende Schäden.

Motivation durch Filme
In den Zeiten, in denen ich zu Hause war und wenig tun konnte, habe ich gegen meine Verzweiflung Filme geschaut. Die Filme habe ich mir bei iTunes gekauft, auf mein iPad geladen und sie im Bett sitzend wieder und wieder angeschaut. Filme, bei denen eine Heldin/ein Held alle Widerstände meistert. So stellte ich mir das auch für mich vor! Natürlich habe ich Lieblingsszenen. Ein Film ist „Burlesque", der andere „Solange ich lebe".

4.6 „Das Gegenteil von gut gemacht ist gut gemeint"

Dieser Spruch bewahrheitet sich immer wieder. Vor allem im Umgang mit uns Menschen mit Behinderung denkt sich manch einer, dass seine Handlung sehr hilfreich ist. Nur bewirkt die Tat, die als Erleichterung gedacht ist, manchmal das genaue Gegenteil. Zur Verdeutlichung beschreibe ich Ihnen eine typische Situation:

1. Dieses Szenario ereignete sich während der letzten Pause einer Schulung. Ich hatte den Raum nur kurz verlassen. Um mir zu helfen, hatte ein Kollege in dieser kurzen Zeit die Bestuhlung meines Schulungsraums schnell mal eben wieder so hingestellt, wie diese seiner Meinung nach sein sollte. Ich allerdings hatte mühevoll die Stühle anders hingestellt, weil ich sie für den Abschluss dieser Schulung aus dem Weg haben wollte. Da es eine Überraschung sein sollte, hatte ich vorher nichts gesagt. Daraus habe ich gelernt, dass ich zumindest eine Person ins Vertrauen ziehe.

Sich Gedanken über die Gedanken eines anderen zu machen ist auch sehr beliebt:

1. Da meine Mutter in Bremen wohnt, habe ich mit einem dortigen Handwerker des Öfteren zusammengearbeitet. Unsere Absprachen trafen wir am Telefon. Das funktionierte. Aus Freude darüber hatte ich ihm einen Tulpenstrauß durch Valentins (Versender von Blumen und Geschenken) senden lassen. Es war Mitte März. Mit meinem Mann hatte ich das abgesprochen. Auch er sah kein Problem in diesem Tun. Die Frau des Handwerkers aber schon. Sie schrieb mir eine bitterböse E-Mail. Sie verbat sich, dass ich ihren Mann weiterhin anflirte. Dass er in seinem Job zuverlässig arbeite, sei klar! Deshalb müsse ich ihm keine Blumen schicken. Im Anhang fand ich die Erklärung zum Valentinstag. Anfangs habe ich überhaupt nicht verstanden, was ihr Problem ist. Sie war eifersüchtig! Unseren E-Mail-Wechsel habe ich übrigens anonymisiert aufgehoben und verwende ihn seitdem bei den Coaching-Ausbildungen, die ich durchführe. Thema: Gedanken machen über die Gedanken

von anderen. Nachdem ich die Dame daran erinnert hatte, dass wir Mitte März haben, nicht den 14. Februar, und der Versender das ganze Jahr über Valentins heißt, war sie zumindest etwas beruhigt. Der Handwerker hatte mich vorgewarnt. Als er den Blumenstrauß sah, war ihm sofort klar gewesen, was passieren würde.

2. In unsere Küche stand seit Tagen eine Packung Spülmaschinensalz. Das wunderte mich. Wir nutzen für die Spülmaschine Tabs, die auch Klarspüler und Salz enthalten. Man muss beides also nicht mehr extra einfüllen. Nach 3 Tagen fragte ich meinen Mann, der zu dem Thema nichts Erklärendes gesagt hatte, ob der Kauf des Salzes eine Verwechslung beim Einkaufen gewesen war. Meine Vermutung verneinte er. Er wollte etwas dafür tun, dass die Spülmaschine gereinigt wird. Er dachte, dass das Salz zum Reinigen der Spülmaschine da ist. Also besorgte ich einen Spülmaschinenreiniger und wendete ihn an. Das Salz stand immer noch in der Küche, als unsere Putzfrau kam. Nachdem sie gegangen war, war auch das Salz weg. Da ich am Telefon gearbeitet hatte, war ich zu dieser Zeit nicht für sie ansprechbar. Ich ging davon aus, dass sie das Salz in die Vorratskammer gestellt hatte. Dann allerdings machte ich die Spülmaschine auf, um etwas hineinzustellen. Mein Blick fiel auf den Boden der Maschine. Ich wunderte mich über die weißen, kleinen Brocken und entfernte diese. Als ich die Maschine wieder schloss, wurde mir klar, wo das Salz geblieben war … Sie hatte gedacht, dass das Salz noch eingefüllt werden muss und sie uns einen großen Gefallen tut. Eine wunderbare Verkettung von gleich 2 Geschichten.

4.7 Bedienungsanleitung

In diesen vielen Jahren mit der MS habe ich gelernt, den Menschen zu sagen, welche Unterstützung ich benötige bzw. welche nicht. Wenn ich es sage, vermittle ich den anderen Menschen Sicherheit. Ansonsten kann es nerven, immer wieder Hilfsangebote zu erhalten und diese abzulehnen!! Zumindest ist es mir so ergangen.

Viele trauen sich nicht zu fragen, ob der Mensch mit Behinderung Unterstützung haben möchte! Oder sie trauen sich nicht mehr, weil sie unfreundliche Antworten bekommen haben. Das gibt es natürlich auf beiden Seiten.

Unsere Mitmenschen brauchen so etwas wie eine Bedienungsanleitung. Wenn man sich ein neues technisches, kompliziertes Gerät gekauft hat, liegt auch eine Bedienungsanleitung dabei. Die meisten studieren diese entweder intensiv, zumindest ein bisschen, oder erst dann, wenn etwas nicht funktioniert. Wir Menschen sind natürlich kein technisches Gerät. Wir können sprechen. Für das Thema allerdings, mit Menschen mit Behinderung umzugehen, besitzen meistens nur die Menschen eine Anleitung, die diese Situation aus eigener Erfahrung kennen. Gut erinnern kann ich mich, wie das Leben ohne Behinderung ist. Ich bin nicht auf die Idee gekommen, dass einige körperliche Dinge in jungen Jahren langfristig nicht mehr funktionieren könnten.

Mit diesem Beispiel erkläre ich gerne die Situation von uns Menschen mit Behinderung:

Stellen Sie sich vor, Sie wollen beim Einkaufen von ganz oben aus einem Regal etwas herausnehmen. Ohne Leiter klappt das nicht. Es ist aber keine da. Wenn dann jemand sagt: „Sie müssen nur wollen. Geben Sie sich mal ein bisschen Mühe", empfinden Sie das wahrscheinlich auch, als wollte der andere Sie auf den Arm nehmen. Es liegt nicht daran, dass wir nicht wollen. Wollen tun wir! Es liegt daran, dass wir nicht können!!

Im Juni 2015 hatte ich einen Termin bei der Krankengymnastik. So wie 2 x in der Woche. Früh genug hatte ich geduscht, mich angezogen und war sehr pünktlich bereit zum Gehen. Auf dem Weg die Treppe hinunter hatte ich schon das Gefühl, dass ich nicht weggehen sollte. Als ich die Haustür öffnete und raustrat, meldete sich meine Intuition: „Bleib hier, gehe nicht!" Inzwischen höre ich auf diese Eingebungen. Ich ging wieder in den Wohnbereich, rief beim Termin an und sagte diesen 20 Minuten vor dem Beginn ab. Völliges Unverständnis kam mir entgegen! „Was soll ich mit einer Stunde freier Zeit anfangen? Das muss ich in Rechnung stellen! Sie hätten früher anrufen können! Ab morgens um 6.00 Uhr ist jemand da!" Zu dieser Uhrzeit aber wusste ich noch nicht, dass ich nicht zur Krankengymnastik gehen würde! Inzwischen kennen wir uns übrigens besser.

Mein Mann meinte: „Erkläre es ihr. Normale Menschen verstehen dein Handeln nicht!" Bin ich kein normaler Mensch? Aber ich weiß, was er meint! Für mich ist es wichtig, auf diese zarte Stimme der Intuition zu hören. Das Schlimmste, was in diesem Fall passieren konnte, war, dass ich für 1 Stunde bezahle, die ich nicht in Anspruch nehme, und die Krankengymnastin gut bezahlt eine Stunde frei hat. Das bin ich mir wert!! Als ich ihr mein Handeln im persönlichen Gespräch erklärte, konnte sie mich verstehen. Natürlich finde ich es schöner, wenn es mir gelingt, den Grund für meine Handlungen verständlich zu machen. Eine Voraussetzung aber ist das nicht mehr!

4.8 Stillstand der MS

Ende 2011 ging ich wieder ins MRT. Das Ergebnis war, dass es keine aktiven Entzündungen mehr gab. So ist es die nächsten 4 1/2 Jahre geblieben! Einnehmen oder spritzen tat ich nichts mehr!

Dass wir zur Feier des Tages eine Flasche Champagner öffneten, ist wahrscheinlich klar! Einige Behinderungen aber habe ich in der Zeit mit der aktiven MS erworben. Das Gehen fällt mir schwer und das Gleichgewicht zu halten auch. Nervenzellen können sich nicht so schnell wieder neu bilden.

Trotz aller inneren Arbeit bildeten mein Privatleben und mein berufliches Leben noch keine Einheit. Natürlich können beide eine jeweils unterschiedliche Seite derselben Medaille sein. Bei mir allerdings waren es immer noch zwei Medaillen! Das ist das Bild, mit dem ich am besten beschreiben kann, wie sich mein Inneres anfühlte. Zwar gab es inzwischen Busicap – Business mit Handicap, aber weiterhin Vertriebsberatung und Training. Dieses Unternehmen gibt es seit 1995. Ich kann mich erinnern, dass ich bei der kurzen Vorstellung von mir und meinem Unternehmen als Elevator Pitch vor einem Vortrag sagte, dass ich auch beruflich auf zwei Beinen stehe und das erklärte. Für diese Beschreibung bekam ich von den anderen Teilnehmern viel Verständnis. Ihnen ging es teilweise genauso.

An einem Vormittag in 2011 ging ich durch Wiesbaden-Biebrich. Ich war bei einem Arzt gewesen. Auf meinem Weg zurück zum Wagen stellte ich fest, dass ich nicht mehr weitergehen kann. Das Gleichgewicht konnte ich nicht mehr halten. Damit ich nicht umfalle und in Ruhe überlegen kann, wie ich am besten zu meinem Wagen gelange, klammerte ich mich an einen Laternenmast. Ein Passant kam vorbei, sah mich und sagte laut und deutlich: „So früh und schon so besoffen!" In dem Moment habe ich mich entschieden zukünftig einen Gehstock zu verwenden. Schön sollte er natürlich sein! Das ist er! Menschen wissen bei meinem Anblick, dass wohl irgendetwas nicht o. k. ist und das Schwanken beim Gehen nicht an zu viel Alkohol liegt. Seitdem nutze ich einen Gehstock. Inzwischen auch einen Rollator. Beides liegt immer in meinem Wagen.

4.9 Energetische Arbeit

Zusammen mit meiner wichtigsten und liebsten Freundin habe ich eine zweijährige, zertifizierte, ganzheitliche Coaching-Ausbildung durchlaufen. Der Schwerpunkt: energetische Arbeit. Die Ausbildung bestand vor allem aus Praxis. Der zeitliche Anteil der Theorie war kleiner. Ich arbeite also wieder energetisch. Sehr viel intensiver und wirkungsvoller als vor meiner MS. Ein paar Jahre konnte ich diese Arbeit nicht ausüben, weil mein Körper die Energiemenge, die dann durch ihn fließt, nicht ausgehalten hat. Jetzt aber tue ich es wieder. Dabei stelle ich fest, dass die energetische Arbeit meine Arbeit als Coach gut ergänzt. Beim Coaching kommen wir manchmal an einen Punkt, an dem es mit verstandesbetonten Methoden nicht mehr weitergeht. Wenn der Coachee zustimmt (aber nur dann!!) und es der richtige Zeitpunkt dafür ist, können wir energetisch weiterarbeiten. Eine sehr effektive Methode, wie ich immer wieder feststelle. Inzwischen arbeite ich auch per Telefon oder Skype als Beraterin und Coach. Manchmal auch energetisch und manchmal ist es eine Kombination. Dieses Vorgehen spart Zeit und Reisekosten.

4.10 Mein Workshop *Lebens*Wände

Im Herbst 2013 sprach ich mit einer Bekannten, die ich während der ganzheitlichen Coaching-Ausbildung kennengelernt hatte. Im Laufe unseres Gesprächs fragte sie: „Ilonka, was würdest du richtig gerne tun? Was würde dich von Herzen erfreuen? Mache dir doch mal Gedanken darüber!" So ist mein Workshop *Lebens*Wände entstanden. Das ist, was ich wirklich richtig gerne tue: andere Menschen dabei unterstützen, Lösungen für sich zu finden, die sie glücklicher und zufriedener machen. Dabei das Wissen und die Fähigkeiten einsetzen zu können, die ich inzwischen erworben habe: Perfekt. Das Wort glücklich klingt so platt. Ist es aber nicht. Es steckt so viel Schönes darin. Wie oft haben wir während unserer Erziehung gelernt, dass wir nicht das tun dürfen, was wir möchten. Manchmal ist das richtig. Immer aber nicht.

Ich nahm meine Erfahrungen aus der Zeit in den Savoyen als Grundlage für den geplanten Workshop. Mir war klar, dass jeder nur selber etwas ändern kann. Alle Interventionen von außen sind zusätzlich sinnlos, wenn es der falsche Zeitpunkt ist. Also war mir klar, dass nur ein Workshop die passende Möglichkeit ist. Kein Frontaltraining. Die Teilnehmer sollten Fragen von mir erhalten. Diese dienen als Katalysator für die eigene Arbeit. Eine Arbeit in 2er-Gruppen, manchmal im Plenum und manchmal auch in Einzelarbeit. Auf diese Weise besteht die Möglichkeit, Lösungen zu finden, die ansonsten verborgen bleiben. Synergien können entstehen. Die Arbeit der Selbsterkenntnis kann ich niemandem abnehmen. Begleiten allerdings kann ich meine Workshop-Teilnehmer oder Coachees auf ihrem Weg. Zusätzlich gebe ich das Wissen an sie weiter, das ich inzwischen besitze.

Oftmals ist es einfacher, mit einem verbalen Sparringspartner zu arbeiten als allein. Zusammen können Ideen entstehen, die allein undenkbar sind. So ist auch dieser Workshop konzipiert. Ein Thema bei dem Workshop ist es, sein Zielbild zu aktualisieren und an die gegenwärtige Situation anzupassen. Ein gedankliches Zielbild von mir war es, in den Sonnenaufgang zu reiten. Reiten habe ich vor langer Zeit gelernt. Sehr klug sagte mein Mann: „Also einen Sonnenaufgang hat es auch heute Morgen gegeben. Ansonsten könnten wir doch eine Kutsche nehmen. Das ist viel einfacher für dich!" Manchmal ist es nur wichtig, sein Zielbild an die gegenwärtige Situation anzupassen und erst einmal mit erreichbaren Zielen zu beginnen. **Langsam** können diese gesteigert werden. Innere Arbeit, symbolisiert durch die Sackkarre, ist die Voraussetzung dafür, dass es in dem noch leeren, aber schon edlen und lichtdurchfluteten Raum Geschenke gibt. Welche Geschenke es sind, liegt an der vorausgegangenen Arbeit. Es liegt an Ihnen! In dem Workshop tun wir zusammen das, was ich auch allein getan habe.

Eine Arbeit für mich war es zu akzeptieren, nicht vor einer Gefahr davonlaufen zu können (falls das überhaupt ginge). Das war eine von den schwierigsten, aber notwendigen Arbeiten für mich. Nicht mal die Möglichkeit zu haben, vor jemandem, der mich umbringen oder mir einfach nur wehtun will, weglaufen zu können, fühlt sich schrecklich an. Zwar glaube ich nicht, dass ich solche Situationen anziehe, aber ich wollte es zumindest gedanklich durchspielen. Ich wusste, dass ich das tun muss, um von meiner Angst unabhängig zu werden. Ansonsten hätte ich Angst vor der Angst. Also habe ich in Tagträumen und auch nachts in meinen Träumen immer wieder das Szenario durchgespielt, dass mich jemand verfolgt und ich nicht weglaufe, sondern mich umdrehe und den Verfolger anschaue.

Vorstellungen verlieren ihre verstörende Kraft, wenn wir eine Lösung gefunden haben. Dieses Prinzip gilt auch anderswo. Sobald wir eine Lösung für unser persönliches Worst-Case-Szenario haben, brauchen wir uns nicht mehr so sehr davor zu fürchten. Eine Lösung kann auch sein, dass es keine Lösung gibt, die uns gefällt. Warum Ihnen die Lösung nicht gefällt, können Sie sich zusätzlich fragen. Manchmal verhilft die Antwort zu neuen Erkenntnissen über sich selbst.

Manchmal ist die Frage aber auch völlig unerheblich, weil die Antwort schon vorher klar ist. Anlocken tun wir die befürchtete Situation damit nicht. Wir fürchten nur nicht mehr, dass sie in unser Leben tritt. Wir wissen nur, was wir in diesem Fall tun.

4.11 Die innere Arbeit geht weiter

Eine andere Arbeit für mich ist es immer wieder, zu akzeptieren, dass andere Menschen nicht dafür da sind umzusetzen, was ich nicht mehr umsetzen kann! Die Prioritäten von anderen sind anders als meine. Auch andere Vorstellungen von Schönheit haben sie. Sie sind eigenständige Menschen und nicht meine Befehlsempfänger oder Gedankenleser. Manchmal passieren Dinge anders, als ich mir das vorstelle. Entweder tue ich selber, was ich mir vorstelle, oder nicht. Wenn der Aufwand aber zu groß für mich ist, sind wir wieder am Anfang der Argumentation. Natürlich darf ich mir aus lauter Dankbarkeit nicht alles gefallen lassen! Bei solchen Kleinigkeiten aber wie dem Einräumen der Spülmaschine darauf gefasst zu sein, dass andere Menschen die Dinge anders verstehen als wir, erspart Missverständnisse und Ärger. Wie schnell es passieren kann, dass eine Aussage persönlich interpretiert wird, habe ich bei unterschiedlichen Gelegenheiten erfahren. Eine davon stelle ich Ihnen vor, da meine Schüler die Geschichte immer wieder zitieren, wenn jemand davon spricht, etwas optimieren zu wollen.

Lange war ich als Trainerin für eine Tankstellengesellschaft tätig. Es ging darum, zusammen mit den Mitarbeitern die Möglichkeiten für kundenorientiertes Verhalten herauszufinden, zu üben und später an der Station umzusetzen. Der Umsatz sollte dadurch gesteigert werden. Wer schon einmal an Tankstellen gearbeitet hat, weiß, dass sich dort viele erstaunliche Geschichten ereignen. Da die meisten Menschen Auto fahren und daher regelmäßig tanken müssen, findet sich dort ein Schmelztiegel sehr unterschiedlicher Persönlichkeiten. Der Pächter einer Tankstelle gab einer Mitarbeiterin, die selber nie Alkohol trank, den Auftrag, das Spirituosenregal einzuräumen und dabei zu optimieren. Sie optimiertes es! Der Pächter fiel allerdings beim Anblick des optimierten Regals aus allen Wolken.

Sie hatten sich vorher nicht darüber ausgetauscht, was jeder unter dem Wort optimieren versteht. Sie hatte die Flaschen nach Farben sortiert!

Unsinnig finde ich es, Dinge immer wieder auf die gleiche Art zu tun, obwohl mir das Ergebnis schon beim ersten Mal des Handelns nicht gefallen hat und alle Komponenten auch beim zweiten Mal dieselben sind. Wenn Sie ein anderes Ergebnis erzielen wollen, ist es hilfreich, irgendetwas zu verändern. Mein simples Beispiel betrifft mal wieder das Einräumen einer Spülmaschine. Wenn beim ersten und zweiten Spülen kleine Schalen nicht sauber geworden sind und winzige Partikel weiterhin daran kleben, ist es sinnvoller, die Schalen per Hand auszuwaschen, anstatt zu hoffen, dass die Schalen beim dritten Waschgang sauber werden, obwohl nichts verändert wurde. Wenn Ihnen also das Ergebnis einer Handlung nicht gefällt, ändern Sie bitte etwas!

4.12 Selbstbild/Fremdbild

Dass zwischen dem Selbstbild und dem Fremdbild ein sehr großer Unterschied bestehen kann, weiß und fühle ich schon sehr lange. Dieses Thema unterrichte ich auch. Besonders auffällig ist diese Tatsache durch die MS für mich geworden. Von außen werde ich anders wahrgenommen, als ich mich selber wahrnehme. Ich persönlich empfinde es als völlig selbstverständlich, dass ich eruiert habe, wie ich mein Leben am besten so organisiere, dass ich mich damit wohl fühle. Klar, ich könnte verrückt werden und mich in die geschlossene Anstalt einliefern lassen. Ich könnte mich umbringen. Ich könnte verzweifeln und anderen bzw. dem Universum die Schuld an meiner Situation geben. Das aber sind alles keine Optionen für mich.

Nach außen wirke ich entspannt, kompetent, geschäftsmäßig, fröhlich und selbstbewusst. Das bin ich auch. Allerdings weiß kaum einer, nachfühlen kann es selbst mein Mann kaum, wie viel Mühe es mir manchmal macht, auch nur die einfachsten Dinge in die Tat umzusetzen. Diese Mühe mache ich mir (meistens) gerne. Ich habe allerdings auch gelernt, genug Zeit für alles einzuplanen,

Dinge rechtzeitig zu erledigen und zu sagen, was ich an Unterstützung brauche. Um mein Leben so führen zu können, wie ich das tue, ist Offenheit die absolute Voraussetzung. Offenheit auch meinen Schülern gegenüber beim ersten Kennenlernen. Sie, liebe Leserin, lieber Leser, können sich wahrscheinlich noch an den Spruch „Wehret den Anfängen" erinnern. Wichtig finde ich es, da ich immer wieder neue Klassen unterrichte beziehungsweise andere Menschen kennenlerne, von Anfang an dafür zu sorgen, dass meine Kontakte die Wahrheit kennen. Auch meine fachliche Kompetenz, die ich in den letzten Jahrzehnten praktisch und theoretisch erworben habe, können Sie erst dann wahrnehmen, wenn sie sich mit mir sicher fühlen.

4.13 Zeitplanung

Wie ich mich erinnern kann, heißt es auf Zeit-Management-Seminaren immer, dass man sich Zeit für Unvorhergesehenes einplanen soll. Viel Stress, unvollständig ausgeführte Handlungen und Streit kommen meiner Meinung nach zustande, weil diese einfache Grundregel nur selten beachtet wird. Bei der MS, wie sicherlich auch bei anderen Erkrankungen, lernen wir dieses einfache Prinzip zu beachten. Wenn wir keine Zeit für Unvorhergesehenes einplanen, tun wir uns weh. Entweder weil wir uns ansonsten zu sehr stressen oder Unfälle verursachen. Es gibt immer wieder Überraschungen im Alltag. Manchmal gibt es diese Überraschungen schon beim Aufwachen. Plötzlich sind körperliche Zustände anders als beim Einschlafen. Irgendetwas hat sich während des Schlafs verändert.

4.14 Business, aber anders

Nach meinem Aufenthalt in den Savoyen und der Coaching-Ausbildung wollte ich langsam wieder ins Business zurück und arbeiten. Allerdings hatte ich Angst davor und wusste auch nicht, wie ich das tun soll. Es fühlte sich nicht gut an:

I. Das Alte war weg und
II. das Neue war noch nicht da.

Diese Zwischenzeiten sind schrecklich!

Vor dem Arbeiten Angst zu haben war mir neu. Bisher fühlte ich immer, dass ich (fast) alles schaffen werde. So war es jetzt nicht mehr. Meine Verwundbarkeit hatte ich kennengelernt. Meine Grenzen auch. Akquisetermine habe ich vereinbart, um auf mich und auf Busicap aufmerksam zu machen und mich vorzustellen. Ich fragte mich vorher allerdings auch, ob ich den Job wirklich ausführen wollte und könnte, wenn er zustande käme. Vor jedem Termin musste ich mich anfangs innerlich antreiben, damit ich ihn wahrnahm. Inzwischen ist das zum Glück anders. Die Alternative stand mir immer vor Augen: aufgeben und unglücklich sein. Das wollte ich nicht. Also habe ich überlegt, was mir wichtig ist, was ein akzeptabler Kompromiss ist und was ich auf keinen Fall haben möchte. Um meine Gedanken zu ordnen, entwarf ich eine Tabelle.

Mein Business			
Macht mir Freude – muss sein	**Kann sein – muss nicht sein**	**Kompromiss – nicht perfekt, aber o. k.**	**Auf keinen Fall**
Arbeit mit Menschen	Struktur durch Lehrplan	Einsatzort bis 150 km entfernt	Reisen, Hotelübernachtungen
Eigenes Konzept	Zusammenarbeit mit anderen Trainern	Termine auch am Wochenende	Selten zu Hause sein
Personal Coaching		Webinare halten	Strikt an fremde Konzepte halten
Workshop			Nur handwerkliche Arbeit
Arbeit auch virtuell			
Ich koordiniere meine Termine selbst			

Mein Business			
Genug Ruhepausen!!			
Arbeit oft zu Hause			

✎ Ihr Business			
Macht mir Freude – muss sein	Kann sein – muss nicht sein	Kompromiss – nicht perfekt, aber o. k.	Auf keinen Fall

4.15 Zielplanung

Um Ziele leichter zu erreichen, gibt es ein paar Regeln. Auch bei diesem Thema bin ich beim NLP fündig geworden. Ein Ziel kann natürlich auch sein, jeden Moment seines Lebens möglichst bewusst wahrzunehmen und dann das zu tun, was in dem Moment ansteht. So reiht sich ein erfolgreicher Moment an den anderen.

Zu wissen, wo es hingehen soll, ist eine wichtige Voraussetzung, um ein gestecktes Ziel zu erreichen. Denken Sie nur daran, was passieren würde, wenn Sie losfahren wollen und kein Ziel haben, das Sie ins Navi eingeben können. Ein Ziel kann natürlich auch sein, kein Ziel zu habe, nur in der Gegend herumzufahren und die Landschaft zu genießen. Das aber ist dann auch ein Ziel. Sich nur ein Ziel zu setzen und dann nichts weiter zu tun, ist allerdings auch unnütz. Die Erfüllung der Ziele wird nicht wie in dem Märchen vom Sterntaler auf Sie hernieder regnen. Auf jeden Fall habe ich Menschen erlebt, die sich überlegten, was sie haben wollen, und dann ausschließlich Erfolgsmeditationen machten. Nichts sonst. Dass das nicht funktioniert hat, ist wahrscheinlich klar, oder?

Positiv

Denken Sie an das, was Sie wollen, anstatt an das, was Sie nicht wollen.

Fragen Sie:
„Was würde ich lieber haben?"
„Was möchte ich wirklich?"
„Womit würde ich mich wohl fühlen?"

Aktive Beteiligung

Denken Sie an das, was Sie aktiv tun werden! Das, was **Ihrem** Einfluss unterliegt. Mit der Überlegung, dass Sie selber anders handeln würden, wenn jemand aus Ihrer Umgebung vorher anders handeln würde, machen Sie sich abhängig von den Handlungen anderer.

Fragen Sie:
„Was werde ich tun, um mein Ziel zu erreichen?"
„Wie kann ich beginnen und durchhalten?"

Spezifisch

Stellen Sie sich das Ziel so genau vor, wie Sie können.

Fragen Sie:
„Wie wird es sich anfühlen, das Ziel erreicht zu haben?"
„Was wird dann anders sein als jetzt?"
„Was werden meine Freunde/Familienangehörige/Kollegen sagen?"

Beweis

Entscheiden Sie sich für den sinnlich wahrnehmbaren Beweis, der Sie wissen lässt, dass Sie das bekommen haben, was Sie wollen. Den Beweis dafür also, dass Sie Ihr Ziel erreicht haben.

Fragen Sie:
„Was werde ich sehen, hören und fühlen, wenn ich mein Ziel erreicht habe?"

Ressourcen

Haben Sie ausreichende Ressourcen und Wahlmöglichkeiten, um Ihr Ziel zu erreichen?

Fragen Sie:
„Welche Ressourcen brauche ich, um mein Ziel zu erreichen?"
„Welche Grundlagen, welche Voraussetzungen brauche ich, um mein Ziel zu erreichen?"

Größe

Fragen Sie:
 „Kann ich daran glauben, dass ich das Ziel erreiche?"
 „Ist der Anreiz ausreichend genug, damit ich mich auf den Weg mache?"
 „Wenn ich dieses Ziel erreichte, was würde es mir bringen?"

Wenn es zu groß ist:
 Verwandeln Sie die Handlungsschritte in kleinere Ziele.
 Machen Sie diese ausreichend klar und erreichbar.
 Setzen Sie sich Zwischenziele.

Wenn es zu klein ist:
 Gehen Sie höher, bis Sie das Ziel mit einer Größe verknüpft haben, die ausreichend motivierend für Sie ist und Sie trotzdem noch daran glauben können.

Ökologie-Rahmen

Überprüfen Sie die Konsequenzen in Ihrem Leben und in Ihren Beziehungen, die eintreten, wenn Sie Ihr Ziel erreichen.

Fragen Sie:
 „Wen betrifft dies noch?"
 „Was würde passieren, wenn ich das Ziel erreiche?"

Was nützt es Ihnen, Ihr Ziel zu erreichen, wenn Sie nachher unglücklich sind und Ihre Umgebung, Ihr Partner, Ihre Freunde und/oder Ihre Kinder die Zielerreichung immer wieder torpedieren, anstatt Sie auf dem Weg zu unterstützen?

4.16 Busicoach entsteht

Anfang 2015 habe ich mein Unternehmen Vertriebsberatung und Training, das es seit 1995 gibt, mit Busicap – Business mit Handicap vereint. Das neue Unternehmen heißt Busicoach (www.busicoach.de). Auch hierbei ist aus zwei 2 Dingen eines geworden. Ich bin auch persönlich endlich ganz. Also nur noch „eine Medaille". Zumindest fühlt es sich so an. Ich kann zu Hause sein und weiß und fühle, wie wertvoll ich bin. Darüber bin ich froh! Es ist schön, von außen Bestätigung zu erhalten. Ich brauche sie aber nicht, um froh zu sein.

Im April war ich im MRT. Aufnahmen vom Schädel und der Halswirbelsäule wurden gemacht. Dass ich aufgeregt war, ist wahrscheinlich klar! Die Befunde sind wie 2011. Das Ergebnis ist konstant. Keine neuen Entzündungsherde sind hinzugekommen. Es gibt keine aktiven Entzündungen. Zwar habe ich auf Basis der Schulmedizin nichts mehr getan, aber mein Leben habe ich sehr verändert. Eine körperliche Behinderung beim Gehen und dem Gleichgewicht allerdings gibt es. Eine schulmedizinische Erklärung für diese erheblichen Behinderungen haben allerdings auch die Messungen des Neurologen nicht ergeben. Auch keine Erklärung für die manchmal auftretenden körperlichen Unterschiede, die zwischen dem Schlafengehen und dem Aufwachen liegen. Inzwischen habe ich wieder mit Krankengymnastik begonnen. Natürlich bin ich auf die Veränderungen gespannt, die sich durch die regelmäßige Krankengymnastik und meine privaten Übungen einstellen werden. Voller Hoffnung bin ich auch.

4.17 Resümee

Sie erinnern sich wahrscheinlich an mein gedankliches Bild vom Anfang des Buches? Mein Geburtsdatum, der 21.3., stellt einen Neubeginn dar. Entweder als Frühlingsanfang oder als Neujahr. Die MS war für mich auch ein Neubeginn. Der Beginn von meinem dritten Leben. Früher habe ich den Sommer als Jahreszeit geliebt. Es konnte mir nicht heiß genug sein. Damit fühlte ich mich wohl. Inzwischen ist es anders. Entweder durch die MS oder nur durch das Älterwerden. Oder beides. Inzwischen liebe ich den Frühling. Sowohl der Frühling als auch die MS können allerdings sehr unterschiedlich sein. Nicht umsonst heißt die MS auch Krankheit der 1000 Gesichter. Ich kann mich erinnern, dass ich als Kind Ostereier im Schnee gesucht habe. Manchmal ist es im Frühling warm und lieblich und manchmal kalt, stürmisch und es hagelt. Zumindest ist das in Deutschland so. Aber immer ist es der Beginn eines neuen Jahres. Wir können uns dem gegenüber verschließen oder die Unbilden des Wetters als Tatsache annehmen. Der Frühling ist ein Vorbote für ein neues Jahr. Ein Jahr, das einige Überraschungen bereithält. Überraschungen, die wir annehmen oder ablehnen können. Entweder freudig annehmen mit dem Wissen, dass auf Regen auch wieder Sonnenschein folgt, oder ablehnen, weil wir das Wetter nicht ändern können. Ändern aber können wir unsere Haltung zu den unabänderlichen Tatsachen. Eine neue Tatsache bei mir ist, dass Anfang des Jahres 2016 wieder kleine Entzündungsherde entstanden sind und diese aktiv sind. Aber auch diese können wieder zum Stillstand kommen, wie mich ein befreundeter Arzt erinnerte. Ich persönlich bin dafür, Tatsachen anzunehmen und das Beste daraus zu machen. Lieber habe ich aktive Entzündungsherde und es geht mir gut, als nur Narben, und es geht mir schlecht. Auf jeden Fall habe ich dadurch, mit meiner Behinderung umzugehen, einiges gelernt. Dinge gelernt, die auch im Berufsleben sehr nützlich sind:

1. Wer Schwäche zulässt, beweist Stärke und lässt Raum für notwendige Kurskorrekturen.
2. Bei der Zeitplanung auch Zeit für Unvorhergesehenes einzuplanen ist genauso notwendig wie
3. eigene Ruhepausen einzuplanen. Aus der Ruhe entstehen Kraft und neue Ideen.
4. Die Fähigkeit, Lösungen zu finden, wenn auf den ersten Blick keine sichtbar sind, gehört auch zu den Stärken.

Da ich seit Tagen über diese Erkenntnis lächle, beschreibe ich Ihnen diese Geschichte zum Abschluss. Sehr begeistert erzählte ich meinem Mann von einer wunderschönen, bunten, stachligen Raupe, die auf einem Ast sitzt. Das Foto, das die Grundlage für diese Zeichnung ist, hatte mir mein Cousin per Mail geschickt. Mein Mann schaute es an, gab mir seine Brille und meinte: „Das ist keine Raupe!" Manchmal braucht man also nur die passende Brille mit geputzten Gläsern, um die Wahrheit zu erkennen.

5. Fallbeispiele aus meiner Coaching-Praxis

5.1 Gedanken zu Verschwiegenheit + Inklusion

Um die Persönlichkeit der Klienten zu schützen, habe ich die Namen und Orte verändert.

Die Geschichten allerdings entsprechen der Wahrheit. Die meisten Gespräche spielten sich in meinem Coachingraum ab. 2 auch per Telefon bzw. im virtuellen Raum.

Noch eine Überlegung von mir, da ich immer wieder andere Erfahrungen mache: Gestern war ich auf einer wirklich wundervollen und achtsamen Veranstaltung zum Thema Inklusion. Es ging wie so oft um das Thema, wie man Menschen, die eine Behinderung haben, eine Ausbildung ermöglichen kann. Ja, das ist wichtig. Wichtig ist aber auch die Antwort, wie man Menschen dabei unterstützen kann, ihren Weg neu zu finden bzw. wiederzufinden, wenn sich durch eine Behinderung das Leben verändert hat.

Es gibt so viele Menschen, die im Job stehen und plötzlich und unerwartet oder sehr langsam eine Behinderung bekommen! Was ist mit diesen Menschen? Immer wieder wird davon ausgegangen, dass Menschen mit einer körperlichen Behinderung nur eingeschränkt arbeiten können. Das kann sein. Das muss aber nicht so sein. Vielleicht ist es nur wichtig, die für beide Seiten passende Aufgabe zu finden!

Eine Geschichte, die ich erlebt habe, finde ich wegweisend.

Als der Besitzer einer Werbeagentur wusste, dass er wahrscheinlich aus gesundheitlichen Gründen bald nicht mehr so viel arbeiten können würde wie bisher, hat er sein Unternehmen frühzeitig umstrukturiert. Er setzte eine Geschäftsführerin ein, die er aus den eigenen Reihen rekrutiert hatte. Solch ein vorausschauendes Verhalten könnten viel mehr von uns haben, bevor wir eine Behinderung bekommen. Mich schließe ich übrigens bei dieser Überlegung mit ein.

5.2 Bewerbung und Ortswechsel

Auf Empfehlung kam eine Dame aus Kassel zu mir. Sie hatte ihr berufsbegleitendes BWL-Abendstudium abgeschlossen. Von Geburt an war sie fast taub. Sie hatte aber gelernt Lippen zu lesen. *Soll ich erwähnen, dass ich bei den ersten 2 Treffen hinter ihr gehend mit ihr sprach? Klar, sie konnte mich nicht hören. Irgendwann fiel mir ihre Schweigsamkeit auf ...*

Ihr Ziel war es, ins Rhein-Main-Gebiet umzuziehen und hier einen adäquaten Job zu finden. Ihr Freund lebt hier. Bisher hatte sie einige Bewerbungsgespräche ohne Erfolg geführt.

Zuerst haben wir eine genaue **Zielanalyse** durchgeführt, um herauszufinden, wie sich für sie ein adäquater Job definiert. Danach stellten wir eine Pro-und-Contra-Liste auf. Eine Liste für den Job und eine Liste für das Privatleben. Seine eigenen Stärken zu kennen hilft auch im Bewerbungsgespräch. Da sich einige Menschen ungern selber loben, kann man sich natürlich auch die Frage stellen und beantworten: „Was würden andere an mir loben?" Erst wenn Sie selber wissen, was an Ihnen lobenswert ist, können Sie auch andere von sich überzeugen. Immer wieder wird im Bewerbungsgespräch auch nach den Schwächen gefragt. Auch dazu ist es gut, eine ehrliche Antwort vorbereitet zu haben. Wichtig ist natürlich auch die Überlegung, was das Unternehmen und der Job bieten sollen, um Sie persönlich langfristig glücklich zu machen. Natürlich gibt es auch im Berufsleben dunkle Stunden. Das ist normal. Bitte denken Sie zusätzlich daran, dass die Unternehmen sich auch bei Ihnen bewerben! Die Frage, die Sie sich beantworten sollten, ist: „Wird es mich langfristig froh machen, für dieses Unternehmen zu arbeiten?" Sie können diese Frage auch folgendermaßen formulieren: „Ist die imaginäre Waagschale im Gleichgewicht?" Oftmals ist das eigene Selbstwertgefühl wenig ausgeprägt. Oft wird nur auf das geschaut, was nicht o. k. ist. Die Behinderung also. Dabei haben wir auf dem Weg, um mit unserer Behinderung umzugehen und nicht zu verzweifeln, sehr viel gelernt. Krisenmanagement und Zeitplanung. Das sind Fähigkeiten, die auch in Unternehmen sehr gefragt sind.

Aber zurück zu der Dame aus Kassel. Wir haben geübt und fingierte Gespräche mit der Videokamera aufgezeichnet. Einen Personaler kann ich auf Grund meiner

Erfahrung gut spielen. Zuerst allerdings hat meine Coachee diesen Part übernommen und mir alle Frage gestellt, die sie in ihren Bewerbungsgesprächen erlebt hatte. Dabei hat sich wieder bewiesen, dass wir für unsere Mitmenschen *Bedienungsanleitungen* benötigen. Oft wird der Personaler nach dem Gespräch von seinem Chef (wenn es einen gibt) gefragt, wie das Gespräch mit dem Menschen mit Behinderung war. Besonders größere Unternehmen müssen eine bestimmte Anzahl an behinderten Bewerbern einladen, auch wenn die Bewerber für den freien Job nicht qualifiziert sind! Damit haben die Unternehmen ihren guten Willen gezeigt! So wurde es mir zumindest erklärt.

Bereiten Sie den Personaler auf das Gespräch mit seinem Chef vor. Liefern Sie ihm die Antworten auf die Fragen, die ihm wahrscheinlich hinterher gestellt werden. Sagen Sie im Bewerbungsgespräch, was Sie besonders gut können und welchen Vorteil die Zusammenarbeit mit Ihnen hat. Wie Sie mit den unterschiedlichsten Herausforderungen umgehen, die Ihre Behinderung bietet. Bitte gehen Sie auch darauf ein, wie Sie mit „schlechten Tagen" umgehen. Sie können dem Personaler versprechen, ehrlich zu dem Chef und Ihren Kollegen zu sein und zu sagen, was Sie brauchen. Ehrlichkeit statt Rätselraten gibt Sicherheit. In dem aktuellen Fall hieß das: Lippenlesen klappt bei Telefongesprächen mit größeren Gruppen nicht. Dabei sprechen oftmals alle durcheinander. Deshalb gibt es Videokonferenzen mit Einzelpersonen. Sie kann an guten Tagen zwar durch ihr Hörgerät verstärkt hören, aber nicht immer sind die Tage gut. Das kann sich plötzlich verändern. Die Personaler brauchen Sicherheit im Umgang mit behinderten Mitarbeitern. Sie brauchen auch die Sicherheit, dass Sie fähig sind, die anfallenden Aufgaben zu bewältigen. Dass das Unternehmen finanzielle Zuschüsse bekommt, wenn es mit Ihnen zusammenarbeitet, ist schön und ein nettes Sahnehäubchen. Entscheidend ist das nicht. Sollte das das entscheidende Kriterium für eine Einstellung sein, sollten Sie sich vielleicht noch einmal Gedanken darüber machen, ob Sie wirklich für das Unternehmen tätig werden möchten.

Zurück zu der Dame aus Kassel. Sie führte in den nächsten 6 Monaten einige Bewerbungsgespräche und dokumentierte diese anschließend. Auf diese Notizen konnten wir in unseren nächsten Gesprächen aufbauen. Das Ergebnis dieser Arbeit war, dass sie nach 6 Monaten einen adäquaten Job gefunden hatte. Jetzt, nach 2 1/2 Jahren, will Sie zu einem Unternehmen wechseln, das geographisch näher bei ihrem Lieblingswohnort liegt. Für dieses vorher geplante Unterfangen versicherte sie sich meiner Unterstützung. Sie kam zu mir und ich staunte. Natürlich habe ich sie optisch wiedererkannt. Die persönliche Ausstrahlung aber hatte sich völlig verändert. Sie war viel selbstbewusster geworden und konnte ihren eigenen Wert einschätzen. Ein Mitglied des Vorstandes hatte sie auf dem Firmenflur angesprochen und ihr eine Weihnachtsgratifikation außer der Reihe übergeben. Sie fühlte die Wertschätzung ihrer Person!

Bis zu diesem Zeitpunkt hatte ich gar nicht daran gedacht, dass es ein Teil meiner Coaching-Arbeit sein könnte, Bewerbungsgespräche vorzubereiten und Bewerber mit Behinderung dafür fit zu machen. Eigentlich aber völlig klar …

5.3 Bei der Bewerbung überzeugen

Ein anderes Gespräch war in einigen Aspekten ähnlich. Die junge Frau aus Stuttgart hatte eine Ausbildung zur Altenpflegerin abgeschlossen und in dem Beruf gearbeitet. Dieser Beruf machte ihr viel Freude. Unerwartet bekam sie eine schwere Form (7 Schübe im ersten Jahr) der MS. Nach dem ersten Schock und der persönlichen Neuorientierung wollte sie gerne das Wissen und die Erfahrung, die sie durch die MS täglich erwarb, mit dem Wissen aus ihrem Beruf vereinen. Man riet ihr, dieses Unterfangen besser zu lassen und Frührente zu beantragen. Sie aber war erst 26 Jahre und wollte nicht ihr restliches Leben Rente erhalten. Sie ist eine Kämpferin. Also absolvierte sie eine Ausbildung zur Personalreferentin. Ihre Noten sind nicht sehr gut, da sie durch die Krankheit oft ausfiel. Aber sie schaffte den Abschluss! Tja, dann fingen die Bewerbungsgespräche an. Eines nach dem anderen führte zu keinem positiven Ergebnis, obwohl die Gespräche an sich sehr positiv verliefen. Man trennte sich einvernehmlich. Das aber war es! Dabei war ihre Idee sehr gut. Vor allem in größeren Unternehmen gibt es eine Behindertenvertretung. In der Personalabteilung eine Mitarbeiterin zu haben, die nicht nur die fachliche, sondern auch die persönliche Kompetenz für diese

Aufgabe hat, ist gut. Sie kennt das Behindertsein aus eigener Erfahrung und nicht nur theoretisch.

Zuerst haben wir den Bewerbungsbrief überarbeitet. Auch dabei gilt: „Es gibt keine zweite Chance für den ersten Eindruck!" Bei einer Bewerbung vermittelt der Brief den ersten Eindruck. Dieser ist also besonders wichtig. Wichtig ist inzwischen auch, welche Infos über einen Bewerber in den sozialen Netzen zu finden sind. Manchmal wird ein Bewerber gar nicht erst zum Gespräch eingeladen, weil die Infos im Netz nicht dem USP (Unique Selling Proposition = Alleinstellungsmerkmal) des Unternehmens entsprechen.

Bei den vorangegangenen Bewerbungsgesprächen hatte sie den Personalern vor allem dargelegt, welche finanzielle Unterstützung das Unternehmen erhält, wenn es zu einer Zusammenarbeit kommt. Das interessiert aber nicht in erster Linie. Das Unternehmen hat die Stelle ausgeschrieben, damit diese besetzt wird. Die Arbeit soll gemacht werden.

Bei ihr reichte ein sehr ausführliches Gespräch, bis es bei ihr *Klick* machte. Wie das Ganze weitergeht, weiß ich noch nicht. Die nächsten Bewerbungen mit dem neuen Wissen stehen noch bevor. Der überarbeitete Brief allerdings hat einige Unternehmen erreicht.

Inzwischen hat sie auch ihren angestrebten Job erhalten! Zuerst in Teilzeit zum Ausprobieren.

5.4 Ohne Kurzzeitgedächtnis das Leben meistern

Eine Dame lernte ich nur über das Internet kennen. Wir trafen uns virtuell durch eine „Hilfe-Plattform". Zur eigenen Übung und aus dem Wunsch heraus, den ein oder anderen Menschen zu unterstützen, suche ich dort gelegentlich nach Fragen. Fragen natürlich, für deren Beantwortung ich über die notwendige Fachkompetenz verfüge. Nachdem sie sich versichert hatte, dass ich kein „Grusel-Junkie" bin, erzählte sie über sich. Durch eine Krankheit besaß sie nur noch ihr Kurzzeitgedächtnis. Kennen Sie den Film „Und täglich grüßt das Murmeltier"? Für die Hauptdarstellerin ist an jedem Tag alles wieder neu. So beschrieb sie ihr Leben.

Sie hatte es mit sehr viel Disziplin und kreativen Lösungen geschafft, einen sehr einflussreichen Beruf auszuüben. Die jetzigen Kollegen hielten sie zwar für etwas überspannt, weil sie sich immer alles aufschrieb, aber das störte sie nicht. Beruflich hatte sie durch sehr viel Disziplin Erfolg erreicht. Der nächste Karriereschritt stand bevor. Sie hatte sich allerdings dazu entschieden, nichts über ihre Krankheit zu erzählen. Zu der Zeit, als sie noch davon erzählte, hatte sie nur Angebote erhalten, die ich im weitesten Sinne mit „Tütenkleben" bezeichne.

Die Herausforderung war jetzt das Privatleben. In den ganzen Jahren war dafür keine Zeit geblieben. Wie ich finde, sollte das Privatleben Energie und Unterstützung liefern. Nicht zu vergessen: Freude soll es machen! Ich konnte ihr nur ans Herz legen, fast von Anfang an ehrlich zu sein und darauf zu vertrauen, dass die eigene Partnerentscheidung die richtige ist. Wie soll das Privatleben Energie liefern, wenn die meiste Energie dafür draufgeht, dem anderen etwas vorzuspielen, anstatt sich unterstützen zu lassen? Das tun Partner. Die ersten zaghaften Versuche habe ich noch begleiten dürfen.

5.5 Unfallfolgen und Business

Ein Herr kann zu mir, nachdem er die Folgen eines unverschuldeten Autounfalls überstanden hatte. Er hatte den rechten Arm verloren, wollte aber gerne nach dem Krankenhausaufenthalt und der Reha in seinen alten Job zurück. Die Umrüstung des Arbeitsplatzes bezahlte das Integrationsamt. Auch erhielt der Chef dieses mittelständischen Unternehmens eine fachliche Beratung. Die Begleitung durch mich bezahlte der Chef selber. Es war günstiger für ihn als eine Neueinstellung. Zusätzlich war es ihm wichtig, seine soziale Verantwortung wahrzunehmen.

Ich durfte von Anfang an den Arbeitsbeginn begleiten. Der Chef unterstützte uns. In einer kleinen Zusammenkunft wurde den Kollegen mit absoluter Offenheit erklärt, was sich ereignet hatte, wie sich das vermutlich auswirken würde und dass der Kollege erst einmal halbtags arbeitet. Damit war der Boden für Spekulationen genommen. Eine Bitte an die Kollegen war auch, alles zeitnah anzusprechen, was ihnen als Frage auffiel. Danach gab es eine Pause und eine Fragerunde. Zuerst wurde nur sehr zögerlich gefragt. Dann aber fingen die Kollegen vorsichtig an. Ich wurde als persönlicher *Schatten* vorgestellt. An Besprechungen und Konferenzen durfte ich teilnehmen. Ich war da, damit von Anfang an alle Herausforderungen besprochen werden konnten, manchmal zu trösten (wenn er das erlaubte) und unterschiedliche Verhaltensweisen zu üben. Herausforderungen gab es einige, wie Sie sich denken können. Nicht nur mit sich selber, wenn die Verzweiflung groß wurde, weil etwas nicht so funktionierte wie gewohnt. Die Kollegen und auch der Chef waren toll! Auch energetisch durfte ich arbeiten. Das geschah allerdings in meinen Räumen in Wiesbaden oder per Telefon. Dass ich auch mein berufliches Fachwissen einbringen durfte, ist wahrscheinlich klar. Das bereitete mir zusätzlich Freude.

Anfangs war mein Einsatz ein Fulltimejob. Er reduzierte sich vom Zeitaufkommen her. Irgendwann hörte er ganz auf. Jetzt haben wir nur noch ab und zu telefonisch miteinander Kontakt.

5.6 Erleichterung durch Offenheit

In einem Unternehmen sprach mich eine Mitarbeiterin an, da durch den Gehstock offensichtlich war, dass ich eine Behinderung habe. Sie dachte sich, dass ich deshalb für ihre Situation mehr Verständnis haben würde als andere. Sie hatte eine Abmahnung erhalten, weil sie zu oft ihren Arbeitsplatz verließ und zur Toilette ging. Ihrem Chef hatte sie den Grund für dieses Verhalten nicht sagen wollen. Er ist der Chef! Was sie bisher niemandem verraten hatte, war, dass sie Diabetes hat. Sie konnte es nicht über sich bringen, diese Tatsache öffentlich zu machen, und bat mich, mit ihrem Chef zu sprechen. Um sich regelmäßig Spritzen zu setzen, ging sie immer zur Toilette. Sie mochte nicht sagen, dass sie spritzen muss. Ich kenne auch Menschen, die vor Beginn eines Seminars sagen, dass sie Diabetes haben. Sie klären dann nur ab, ob sie in einen anderen Raum gehen sollen oder ob es für alle o. k. ist, wenn sie sich zum Spritzen nur abwenden. Die Bitte dieser Mitarbeiterin habe ich erfüllt und erst einmal das Gespräch mit dem Chef allein geführt. Ihn kannte ich sowieso gut, da ich für den Vertrieb als Trainerin und Coach tätig war. Die Mitarbeiterin ist später zu unserem Gespräch dazugekommen. Diese Mitarbeiterin saß mit 3 weiteren Personen in einem Büro. Da sie es zuerst innerlich nicht schaffte, sich die Spritze in Anwesenheit der anderen zu setzen, wurde das Gemeinschaftsbüro näher zu den Räumen der Damentoilette verlegt. Zum Glück war das logistisch möglich. Für die Coaching-Arbeit trafen wir uns regelmäßig bei mir in Wiesbaden. Mit der Zeit haben wir herausgefunden, was sie daran hindert, ihren Diabetes öffentlich zu machen, und konnten einige Blockaden auflösen. Inzwischen kann sie sich beim Spritzen einfach nur abwenden. Alle sind über diese Entwicklung erleichtert. Es macht so vieles einfacher. Besonders für sie selber!

Teil II
Arbeitsteil

Um jetzt mit dem Workbook weiterzuarbeiten,
schließen Sie das Buch, drehen Sie es um
und fangen einfach von hinten an!

Teil 1

Arbeitsteil

Ökologie-Rahmen

Überprüfen Sie die Konsequenzen in Ihrem Leben und in Ihren Beziehungen, die eintreten, wenn Sie Ihr Ziel erreichen.

Fragen Sie:
„Wen betrifft dies noch?"
„Was passiert, wenn ich das Ziel erreiche?"

Was nützt es Ihnen, Ihr Ziel zu erreichen, wenn Sie nachher unglücklich sind und Ihre Umgebung, Ihr Partner, Ihre Freunde und Kinder die Zielerreichung auf dem Weg immer wieder torpedieren, anstatt Sie auf dem Weg zu unterstützen?

Meine eigenen Ziele:

Beweis

Entscheiden Sie sich für den sinnlich wahrnehmbaren Beweis, der Sie wissen lässt, dass Sie das bekommen haben, was Sie wollen. Den Beweis dafür also, dass Sie Ihr Ziel erreicht haben.

Fragen Sie:
„Was werde ich sehen, hören und fühlen, wenn ich es erreicht habe?"

Ressourcen (z. B. Mittel, um eine Handlung tätigen zu können)
Haben Sie ausreichende Ressourcen und Wahlmöglichkeiten, um Ihr Ziel zu erreichen?

Fragen Sie:
„Welches Wissen brauche ich, um mein Ziel zu erreichen?"
„Welche Voraussetzungen brauche ich, um mein Ziel zu erreichen?"

Größe

Fragen Sie:
„Kann ich daran glauben, dass ich das Ziel erreiche?"
„Ist der Anreiz ausreichend genug, damit ich mich auf den Weg mache?"
„Wenn ich dieses Ziel erreichte, was würde es mir bringen?"

Wenn es zu groß ist:
Verwandeln Sie die Handlungsschritte in kleinere Ziele.
Machen Sie diese ausreichend klar und erreichbar.
Setzen Sie sich Zwischenziele.

Wenn es zu klein ist:
Gehen Sie höher, bis Sie das Ziel mit einer Größe verknüpft haben, die ausreichend motivierend ist – Sie aber trotzdem noch daran glauben können.

Um **Ziele** leichter erreichen zu können, gibt es ein paar Regeln.

Positiv

Denken Sie an das, was Sie wollen, anstatt an das, was Sie nicht wollen.

Fragen Sie:
„Was würde ich lieber haben wollen?"
„Was möchte ich wirklich?"
„Womit würde ich mich wohl fühlen?"

Aktive Beteiligung

Denken Sie an das, was Sie aktiv tun werden! Das, was **Ihrem** Einfluss unterliegt. Mit der Überlegung, dass Sie selber anders handeln würden, wenn jemand aus Ihrer Umgebung vorher anders handeln würde, machen Sie sich abhängig von dem Handeln anderer.

Fragen Sie:
„Was werde ich tun, um mein Ziel zu erreichen?"
„Wie kann ich beginnen und durchhalten?"

Planen Sie Belohnungen ein, die Sie sich bei Erreichen der Ziele gönnen!

Spezifisch

Stellen Sie sich das Ziel so genau vor, wie Sie können.

Fragen Sie:
„Wie wird es sich anfühlen, das Ziel erreicht zu haben?"
„Was wird dann anders sein als jetzt?"
„Was werden meine Freunde/Familienangehörige/Kollegen sagen?"

Mein eigenes Business			
Macht mir Freude – muss sein	Kann sein – muss nicht sein	Kompromiss – nicht perfekt, aber o. k.	Auf keinen Fall

Meine eigenen Glaubenssätze sind:

1. „_____ "

Diese Fragen werde ich stellen, wenn ich wieder damit konfrontiert werde:

- _____
- _____
- _____
- _____
- _____
- _____

2. „_____ "

- _____
- _____
- _____
- _____
- _____

3. „_____ "

- _____
- _____
- _____
- _____
- _____

4. „_____ "

- _____
- _____
- _____
- _____
- _____

Glaubenssätze – Sätze, an die ich glaube

Recht viele Glaubenssätze stammen übrigens aus der Kindheit.

Sehr ausführlich wird dieses Thema beim Neuro-Linguistischen Programmieren (NLP) beschrieben.

Aussage:
„Das kannst du nicht! In unserer Familie können wir das alle nicht!"

Fragen:
- Wer sagt, dass ich das nicht kann?
- In welchem Alter konnte ich das nicht?
- Wie oft konnte ich das nicht?
- Was genau kann ich nicht?
- Was kann ich stattdessen/worin bin ich gut?
- Wer sagt, dass das in unserer Familie keiner kann?
- Wer ist alle?
- …

„Das darf man nicht! Wenn du … tust, dann wirst du deine gerechte Strafe schon erhalten!"

- Wer genau sagt das?
- Wer ist man?
- Was passiert, wenn ich das doch tue?
- Welche Strafe ist in deinen/Ihren Augen gerecht?
- Warum empfinden Sie diese Strafe als gerecht?
- Will ich auch diese Strafe erhalten? Warum?
- Was ist das Schlimmste, das ich mir als Ergebnis vorstellen kann?
- Wenn das Schlimmste eintritt, was tue ich dann?
- …

3.

4.

5.

Damit das Leben weiterhin schön ist oder wieder schön für mich wird, brauche ich Alternativen. Alternativen für die Dinge oder Menschen, die ich nicht mehr tun kann oder die es nicht mehr in meinem Leben gibt.

Ein Beispiel von Ilonka Lütjen:

Tue ich gerne	Eigenes Empfinden	Energieaufwand	Alternative
Farbe meiner Kleidung passend zu meinen Accessoires	finde ich schön	ist o. k.	mein Gehstock passt farblich zum Rollator (weinrot); selbe innere Grundhaltung

Beispiele von mir:

1.

2.

✎ Reicht für mich das Ziel, bei jeder meiner Handlungen das Passende zu tun? Welches andere Ziel ist für mich passender – wenn es ein anderes Ziel geben sollte?

✎ Was sind die Alternativen zu den alten und inzwischen unerreichbaren Zielen? Ziele also, die mich momentan in meinem Leben glücklich machen könnten?

🖊 Wie werde ich das tun?

🖊 Welche Ziele passen jetzt besser zu mir und machen mich froh, sowohl auf dem Weg als auch beim Erreichen?

✐ Welche Ziele sorgen dafür, dass ich mich auf dem Weg zum Erreichen dieser Ziele eher energielos als kraftvoll fühle?

✐ Welche Ziele möchte ich deshalb aus meinem Leben verabschieden?

🖉 Was möchte ich auf keinen Fall wieder erleben?

🖉 Welche Ziele sind überholt und passen nicht mehr zu mir?

🖎 Was finden andere Menschen an mir gut?

🖎 Worauf in meinem Leben bin ich selber stolz?

✎ Gibt es Ereignisse in meinem Leben, die sich immer wieder gleich oder ähnlich ereignen? Passieren diese Dinge immer wieder ähnlich – auch wenn Jahre, Monate oder Tage dazwischen liegen? Welche sind das?

✎ Was kann/sollte ich in meinem Leben verändern, um es zu verbessern?

🖎 Was denke ich über mich?

🖎 Wie empfinde ich mich?

✏️ Was genau macht mich froh und glücklich?

✏️ Wie fühle ich mich momentan?

🖉 Mit welcher Erwartung mache ich mich selber permanent unglücklich, weil ich diese nicht mehr erfüllen kann?

🖉 Was genau lässt mich leiden?

🖋 Was in meinem Leben möchte ich auf jeden Fall wieder erleben?

🖋 Welche meiner Erwartungen sind realistisch?

🖊 Bei welchen Grenzen, die andere für mich setzen, werde ich es zukünftig ablehnen, einen Kompromiss mit mir einzugehen?

Andere Fragen

🖊 Was in meinem Leben möchte ich nicht wieder erleben?

🖊 Welche Grenzen, die ich mir selber setze, behindern mich, anstatt mich zu schützen?

🖊 Bei welchen Grenzen, die andere für mich setzen, ist es für mich o. k., einen Kompromiss mit mir einzugehen?

✏ Wie, wodurch und wann lasse ich mich von anderen begrenzen?

✏ Welche Grenzen sind für mich sinnvoll und hilfreich?

✐ Wie könnte meine Zukunft aussehen? Mein gedankliches Bild dazu sieht so aus:

Meine Grenzen

Grenzen, die tatsächlich da sind. Grenzen, die ich mir (nur) vorstelle.

✐ In welchen Bereichen setze ich mir selber Grenzen?

Eine andere Aufgabe ist es, je nach der eingetretenen Veränderung, sich mit folgenden Themen zu beschäftigen:

✎ Mein früheres Selbstbild (ohne Behinderung) mit meinem aktuellen Selbstbild (mit Behinderung) zusammenzubringen.

✎ Wie kann ich mein berufliches Leben mit meinen aktuellen Anforderungen verknüpfen?

Eine Entscheidung, die das Leben vereinfacht:

„Wenn mir etwas nicht gefällt, ich es aber selber nicht ändern kann und ein anderer für sein Tun nicht von mir bezahlt wird, dann gilt es das Unveränderliche zu akzeptieren. Auch wenn es mir schwerfällt und nicht gefällt!"

🖉 Was gilt es für mich zu akzeptieren?

✎ Lohnt es sich/ist es wichtig, darauf zu drängen, dass alles so erledigt wird, wie ich mir das vorstelle? Wenn ja, warum?

✎ Welche andere Möglichkeit gibt es, die Sache zu erledigen? Vielleicht ist es anders sogar besser und ich war nur nicht auf diese Idee gekommen.

✎ Ist die Relation zum erwarteten Ergebnis für mich o. k.? Wenn ja, warum?

✎ Welche Handlungsalternative gibt es für mich?

🖊 Welche Energie hat mir mein Handeln geliefert?

🖊 Lohnt es sich für mich, den Aufwand zu betreiben, der gefordert ist? Wenn ja, warum?

Ordnung und Struktur sind in vielen Bereichen unseres Lebens wichtig – ob auf der Arbeit oder im Privatleben. Mit dem „Aufräumen" im eigenen Leben ist es wie mit den eigenen vier Wänden: Von Zeit zu Zeit muss einfach mal ausgemistet werden.

Wichtig ist es auch, sich immer mal wieder zu fragen, ob das eigene Handeln mehr Energie bringt als fordert. Sie können bei dieser Frage eine imaginäre Waagschale vor Augen haben.

✎ Was hat mich mein Handeln an Energie gekostet?

✏ Was kann ich durch .... lernen, was ich anders nicht gelernt habe?

✏ Mit welchem Thema müsste ich mich beschäftigen, wenn .... nicht da wäre?

✎ Wozu könnte diese Krankheit/dieses Ereignis gut sein?

✎ Was könnte für mich der Nutzen dieser Krankheit/dieses Ereignisses sein?

🖉 Warum will ich, dass mir .... passiert?

🖉 Warum will ich, dass sich .... (diese Veränderung)
in meinem Leben ereignet?

✎ Welche Unterstützung brauche ich?

✎ Wen könnte ich um Unterstützung bitten?

✎ Was würde ich tun, wenn das Schlimmste passiert, das ich mir vorstellen kann?

🖊 Was genau macht mich sauer / traurig / wütend / verzweifelt oder............ ?

🖊 Was befürchte ich für meine Zukunft?

✎ Bitten anderer, ihnen zuzuhören, wenn Sie nicht in der Stimmung dafür sind oder etwas anderes zu tun haben.

✎ Wurden Sie schon einmal als zu gutmütig und zu nachsichtig bezeichnet oder beschuldigt, Ihre Kinder/Ihren Partner zu sehr zu verwöhnen? Bei welchen Gelegenheiten haben Sie so gehandelt?

Fragen an mich

✎ Warum muss ich .... erleben?

🖉 Die Bitte eines neuen Kollegen, ihm die Arbeit abzunehmen. Sie wissen, dass Sie selber die Arbeit schneller und korrekter erledigen können. Sie wissen aber auch, dass der neue Kollege es nie lernt, diese Arbeit zu tun, wenn Sie es für ihn erledigen.

🖉 Forderungen von Ihrem Chef, Überstunden zu machen, obwohl Sie besonders pünktlich gehen wollen.

🖉 Bitten Ihrer Kollegen, vielleicht gepaart mit einem Kompliment, ihnen eine Arbeit abzunehmen, obwohl Sie dafür keine Zeit haben und stattdessen selber Zeit bräuchten.

Wann sage ich JA, obwohl ich NEIN sagen möchte

✎ Forderungen an Ihre Dienstleistungen (Kuchen backen, Auto verleihen, eine Freundin/einen Freund von A nach B fahren, auf das Kind von Verwandten oder Freunden aufpassen, unvorbereitet einen Vortrag halten, einen Kollegen vertreten), wozu Sie keine Lust oder keine Zeit haben.

✎ Telefonanrufe anderer, die oftmals mit den Worten beginnen: „Oh, wie gut, dass ich dich/Sie noch erreiche! Ich brauche dringend deine/Ihre Hilfe!", wenn Sie es eilig haben oder mit einer wichtigen Arbeit beschäftigt sind.

✎ Anfragen anderer, sich von Ihnen Geld zu borgen, wenn Sie kein Geld übrig haben oder dem Betreffenden kein Geld borgen wollen.

Wenn Sie wissen, bei welchen Gelegenheiten Sie besonders ‚gefährdet' sind, können Sie besser auf sich aufpassen:

Mein persönlicher Weg

Workbook von ....